KB077593

영업은
사라지지
않는다

영업은 사라지지 않는다

임진환 지음

샘앤파커스

차례

오랜 옛날부터 영업의 대가들은 환경 변화에 적응하면서 생존해왔다.
그래서 영업은 오랫동안 사라지지 않았다.
지금은 디지털 트랜스포메이션이라는 거대한 변화가 닥쳤다.
이에 적극적으로 적응해야 대가들의 믿음직한 후배라고 할 수 있지 않을까?
"영업은 사라지지 않는다."는 것을 또 한 번 증명하면서 말이다.

지금 영업인에게 가장 필요한 무기

어려서부터 대인관계가 좋은 지인의 아이가 있었다. 아이 주변에는 친구가 항상 많았다. 그런데 이 아이가 초등학교를 마친 후 해외로 유학을 떠났다. 매년 한두 번 정도 귀국하니 한국 친구들과는 자연스레 멀어질 것이라 생각했다. 그런데 아이가 한국에 올 때마다 친구들을 만나느라 바빴다. "눈에서 멀어지면 마음마저 멀어진다."는 대중가요 가사는 옛말이 된 것일까?

지인이 그 아이에게 비결을 물어보았다. 대답은 간단했다. "해외에 있을 때는 소셜미디어(SNS)로 소통해요. 친구들이 무얼 하는지 알고 있고, 댓글도 달고, '좋아요'도 누르고 하다가 제가 한국에 산나고 하면 밥 먹자는 메시지가 와요. 오랜만에 친구들을 만나서 신나게 놀고, 다시 한국을 떠나면 소셜미디어로 연락해요. 그래서 친구들과 항상 소통해요."

온라인 소통만으로 관계를 맺는다거나 오프라인 소통만으로 관계를 잘 이끄는 것은 어렵다. 이 아이처럼 디지털 소통과 휴먼 터치를 조화롭게 만들 때 관계는 원활해지고 친구 사이는 오래간다.

시장 환경이 변했다. MZ세대라는 새로운 소비자가 탄생했고 기존 소비자도 디지털에 익숙해졌다. 이에 따라 마케팅은 디지털 시대에서 디지털과 아날로그를 함께 경험하는 '옴니채널'의 시대로 넘어갔다. 소비자가 변했으니 마케팅이 변한 것처럼 영업도 당연히 변해야 한다.

그런데 영업은 첫 단계인 디지털 소통부터 쉽지 않았다. 전통적으로 대면 영업을 중시하는 고객은 디지털 셀링으로의 전환을 받아들이기가 어려웠고, 대면 소통에 익숙한 기존의 영업인들도 디지털 소통을 거부했다. 이때 코로나19가 변화를 앞당기는 촉매제 역할을 톡톡히 수행했다. 더 이상 고객을 만날 수 없게 된 것이다. 코로나 팬데믹은 단 2년 만에 디지털과 아날로그 소통을 함께 하는 영업 패턴의 대전환을 이루어냈다.

새로운 시대의 영업은 비대면 소통에 능숙해야 한다. 비대면 소통을 잘 하려면 디지털 기술에 익숙해져야 한다. 그러나 디지털 역량만으로 고객과 관계를 맺고 고객에게 가치를 제공할 수 없다. 디지털 역량은 보완할 뿐이다. 대면 영업역량은 여전히 매우 중요하다. 인간과 인간의 소통에서 휴먼 터치의 중요성이 더욱 대두된 것이다.

디지털 툴을 통한 비대면 소통이 늘자 사람들은 도리어 감성적인 측면에 대해 요구했다. 비대면 소통으로는 쌓기 어려운 신뢰를 조성하기 위해 감성 역량이 그 어느 때보다 중요해진 것이다. 필립 코틀러 교수가 《필립 코틀러 마켓 5.0》에서 '인간을 위한 기술(Technology for Humanity)'의 개념을 주장했듯이, 인간의 본성은 디지털 테크놀로지가 지배하는 세상에서 더욱 인간적인 접근 방식을 선호한다.

나는 이러한 큰 변화를 보고 디지털 시대에 어떤 영업역량을 쌓아야 하는지에 대해 고민했다. 영업역량의 진화에 관해 이미 경험하고 대응하고 있던 현장의 이야기를 듣고, 컨설팅 리포트와 연구 논문을 읽고, 국내외 사례를 찾아보고, 영업직원의 역량이 어떤 방향으로 나아가야 할지를 생각했다. 그 결과 영업은 디지털 역량과 감성 역량이 함께 개발되어야 한다는 결론에 도달했으며, 이를 바탕으로 이 책을 썼다.

책은 총 10개의 파트로 구성되어 있다. 파트 1, 2에서는 새로운 소비자의 출현으로 유통에서 옴니채널이 대세가 된 배경을 알아보고, 유통의 변화와 맥락을 같이하는 양손잡이 영업인 '하이브리드 세일즈(Hybrid sales)'에 관해 간단히 정리했다.

파트 3, 4, 5에서는 하이브리드 세일즈의 디지털 역량인 비대면 영업역량(Non-Face-to-Face Selling), 데이터 영업역량(Data Selling), AI(인공지능) 영업역량(AI Selling)이 무엇이고, 어떻게 개발해야 하는지에 관해 알아보았다.

파트 6, 7, 8에서는 감성 역량인 정서지능 영업역량(Emotional Intelligence Selling)과 진정성 영업역량(Authenticity Selling), 따뜻함 영업역량(Warmth Selling)에 관해 다루었다.

파트 9, 10에서는 하이브리드 세일즈에 관해 상세히 정리했다. 새로운 시대의 새로운 영업인 하이브리드 세일즈는 디지털 소통과 휴먼 터치를 둘 다 구사하는 영업이다. 전통적인 영업역량을 기초로 디지털 역량과 감성 역량을 모두 갖춘 '양손잡이의 역량'이다. 이 파트에서는 영업직원이 양손잡이 영업역량을 개발하는 방법에 관해 생각하는 시간을 가지도록 했다.

각 파트에서 '영업은 이렇게 합니다'에 영업전문가의 현장 인터뷰를 담았으며, 국내외 영업의 변화 사례와 반드시 인지해야 할 영업 개념을 '세일즈 인사이트'에 수록했다. 이 내용은 실제 영업 현장에서 벌어지는 경험이자 사례이므로 현장에서 바로 적용할 수 있을 것이다.

이 책은 B2B(법인 영업, 기업과 기업 간 거래)영업과 관계지향 영업역량을 개발하고 싶은 분들이 디지털 역량과 감성 역량을 개발하는 데

미력이나마 도움이 되도록 준비했다. B2B영업 혹은 관계지향 영업을 하는 영업인, 개인 소비자 대상이지만 관계지향 영업을 하고 싶은 영업전문가에게도 도움이 될 것이다. 디지털 전환의 시대에 영업 혁신의 중요성을 인식하고 있는 마케터에게도 일조하리라 생각한다. 학교에서 영업에 관해 깊이 있게 배우지 못하고 있는 학생들에게도 편견을 버리고 영업의 진면목을 알 수 있도록 준비했다. 디지털 세상이 도래하고 영업직원의 역량 혁신을 고민하는 경영진, 자영업자와 소상공인에게도 의미가 있을 것이라 생각한다.

여러분은 디지털 기반의 비대면 영업과 아날로그 기반의 대면 영업이 모두 중요한 세상에 살고 있다. 현장에서 만난 탁월한 영업전문가들은 이미 두 가지를 모두 실행하고 있었다. 고객은 두 역량을 모두 가진 영업직원과 관계를 맺고 거래하려고 한다. 둘 중에 하나라도 없는 영업인은 미래가 없다.

역량은 개발되는 것이다. 공부를 통해서도 개발되고 현장에서도 개발된다. 기업에서 필요한 인사, 재무, 회계, 마케팅, 영업 모두 마찬가지이다. 다만 영업역량은 현장에서의 경험과 개발이 더 중요하다. 고객과 직접 만나서 발휘하는 역량이기 때문이다. 인사, 재무, 회계 분야의 경우 부서의 선배에게 배우는 시간이 있는 반면에 영업직원은 입사하자마자 바로 현장에 나가 고객을 만나야 하므로 선배에게 배울 시간이 부족하다. 따라서 영업직원은 스스로 부단히 노력해야 하고, 경영진도 영업역량을 정의하고 이를 인사관리 차원에서 개발하고 관리해야 한다.

이 책을 통해 디지털 역량과 감성 역량을 어떻게 개발해야 하는지 배우고 시도해보자. 회사와 리더는 디지털 소통과 휴먼 터치를 적절히 조합하는 하이브리드 세일즈 시스템을 구축하고, 영업직원은 이를 기반으로 디지털 역량과 감성 역량을 가진 양손잡이 영업인이 되어야 한다.

아주 오랜 옛날, 장(場)이 생겨난 때부터 영업은 인류의 일상이었다. 장에서 활약했던 영업의 대가 선배들은 환경의 변화에 적극적으로 적응하면서 생존하고 성공해왔다. 그래서 영업은 아주 오랫동안 사라지지 않았다. 지금은 디지털 트랜스포메이션이라는 거대한 변화가 영업을 하는 모든 이에게 닥쳤다. 이 큰 변화에 적극적으로 적응하는 영업인이 되어야 대가 선배들의 믿음직한 후배라고 할 수 있지 않을까? "영업은 사라지지 않는다."는 것을 또 한 번 증명하면서 말이다.

여러 사람의 도움이 없었다면 이 책은 세상에 나올 수 없었을 것이다. 특히 인터뷰에 흔쾌히 응해준 영업 현장의 리더들과 영업직원들에게 감사한다. 집필에 다양한 아이디어를 준 연구 동료와 학생, 지인 등 이 책이 세상에 나올 수 있게 도와준 모두에게 감사한다. 이제 영업 신세계의 여정에 독자 여러분을 초대하고자 한다.

'라이브 방송' 하는 화장품 매장 점주
_ 화장품 기업 매장영업팀장

Q "온라인과 오프라인이 공존하는 옴니채널의 시대입니다. 팀장님이 관리하는 화장품 매장 점주님들은 오프라인 매장만 운영하려니 힘들겠어요. 디지털 소통이 급격하게 강조되는 사업 환경에서 매장 매출은 줄어들고, 회사는 매장 수를 줄이거나 구조조정할 테니까요. 매장 점주님들은 이 상황 때문에 많이 어렵겠어요. 그분들은 어떻게 이 난국을 헤쳐나가는지요?"

A "사실 영업직원들이 '매장 영업 사업부' 대신에 '온라인 사업부'로 이동하기를 원할 정도로 매장 영업이 힘듭니다. 점당 매출이 점점 줄어들고, 회사 차원에서 매장 수를 줄이고 있습니다. 회사의 온라인 사업부만 매출이 크게 성장하고 인원이 늘고 있으니 저희가 기운이 안 나는 것이 현실이에요. 그래도 고객이 온라인으로만 거래하시

15

는 않으니 어떻게 하면 기존의 매장을 더 효율적으로, 효과적으로 운영할지 고민하고 적용해보고 있습니다. 열심히 하시는 점주님들은 다양한 아이디어를 내고 여러 가지 방법을 시도하고 있어요.

한 점주님은 매장 영업을 하면서 틈내어 '라이브 방송'으로 제품을 판매합니다. 방송을 하기 위해서는 준비해야 할 것도 많고, 영업역량이 기존의 매장 영업과는 다르고 익숙하지 않은데요. 유튜브나 책 등으로 공부하고 벤치마킹합니다. 라이브 방송에서 매출이 조금씩 나오니까 그 점주님은 의욕이 넘쳐요. 더 잘하기 위해서 더 치열하게 고민하고 열심히 준비하고 있습니다. 며칠 전에는 방송과 자신의 매장을 어떻게 연결해서 매출을 늘릴까에 대해 이야기하고 왔습니다.

이런 분들의 경험담과 성공담을 다른 점주님들에게 전파하고 성공사례를 많이 만드는 것이 저희 팀이 해야 할 일이라고 생각합니다. 회사 사업부 중에 '방문판매 사업부'는 기존의 방문판매 영업을 하면서 온라인 쇼핑몰을 별도로 운영하고 있습니다. 전통적인 사업부들도 오프라인 매장과 방문판매 영업만으로는 소비자의 니즈를 만족시키기가 어려워서 디지털 채널을 고민하는 것이지요."

디지털에 익숙한 소비자가 주류가 되고 이들을 만족시키기 위해서는 새로운 방식의 영업이 필요하다. 오프라인과 온라인을 함께 시도하는 신세계의 '이베이코리아' 인수와 아마존의 오프라인 매장 진출을 예로 들 수 있다. 이뿐만 아니라 화장품 매장 점주가 라이브 방송을 통해 디지털 세상에서 외형을 늘린다든지, 방문판매 사업부가 온라인 쇼핑몰을 여는 등 다양한 영업 방식이 시도되고 있다. 영업 전문가들은 이미 곳곳에서 대면과 비대면 영업을 함께 하고 있다.

HUMAN TOUCH
+
DIGITAL
=
HYBRID SALES

디지털로 무장한 소비자를 만족시키기 위해 B2C(기업과 소비자 간 거래) 영역에서는 이미 아마존, 쿠팡과 같은 강력한 디지털 유통을 통한 영업이 대세가 되었다. 소비자들은 이마트 같은 오프라인 매장에서 장을 보면서 SSG닷컴에서 온라인으로 구매하기도 한다. '옴니채널'의 시대가 호황을 누리는 것이다. 옴니채널은 온오프라인 채널을 통합하고 연결하여 소비자에게 일관된 커뮤니케이션을 제공하는 통합 채널 전략을 말한다.

디지털 소통에 익숙한 소비자들이 이제 B2B 영역에서 주요 구매의사결정자가 되기 시작했다. B2C 영역에서 대세가 된 옴니채널이 B2B 영역에도 손을 뻗기 시작한 것이다. 그것도 코로나 대유행으로 인해 급속도로 변했다. 즉, 유통은 옴니채널 전략을 실행하고, 영업은 하이브리드 세일즈를 구사해야 시장에서 살아남을 수 있게 되었다.

PART 1

겪어보지
못한 세상

1
새로운 세상의 소비

나는 주로 서점 웹사이트나 모바일 앱에서 책을 검색하고 구매한다. 책 내용을 직접 보고 싶거나 서점 분위기를 느끼고 싶을 때, 마케팅 용어로는 '경험'하고 싶을 때 오프라인 매장에 가서 시간을 보내거나 혹은 매장에서 살펴보고 모바일로 구매한다.

영업이나 마케팅 관련 해외 서적을 보고 싶을 때는 아마존닷컴에서 마음에 드는 책을 장바구니에 담았다가 5~10권 정도 모이면 한 번에 주문한다. 사실은 내가 아마존에서 검색하는 것이 아니라 아마존이 나의 관심사를 알고 내가 좋아할 서적을 지속적으로 추천한다. 그중 마음에 드는 책이 있으면 아마존닷컴을 방문하여 장바구니에 담아두는 식이다. 몇 년 전부터는 점심을 혼자 해결할 때나 식구들과 집에서 함께 저녁을 먹을 때 음식을 배달앱으로 주문한다. 식품 쇼핑앱을 이용해서 밀키트와 신선식품을 구매하기도 한다.

최근에 이케아 매장에서 제품을 사야 할 일이 있었다. 매장을 가려고 하니 거리가 꽤 되어 이케아 인터넷 사이트를 방문했는데, 주문과 배송에서 약간의 제약이 있어 속으로 불평한 적이 있다. 이케아는 오프라인 매장에 특화된 유통인 것을 알면서도 말이다.

온라인이 오프라인을 이기다

나는 디지털 기술과 함께 나고 자란 MZ세대(밀레니얼 세대와 Z세대를 통칭하는 말)가 아니라 베이비부머 세대이다. 그런데 베이버부머 세대인 나도 디지털 채널과 함께 살고 있다. 디지털 채널은 이제 제품과 서비스를 구입할 때 가장 큰 통로가 되었다. 다수의 소비자이자 구매력도 점차 커지고 있는 MZ세대뿐 아니라, 나와 같은 기성세대도 디지털 채널에 익숙해지고 있고 디지털 채널이 없다면 불편함을 크게 느낀다.

2021년 12월 30일자 〈조선일보〉에 "국내 유통업계, 처음으로 온라인이 오프라인 이겼다."라는 헤드라인의 기사가 실렸다. 산업통상자원부의 '11월 주요 유통업체 매출 동향'에 따르면 쿠팡, G마켓 같은 주요 온라인 유통업체가 백화점, 대형마트 등의 오프라인 유통업체 매출을 뛰어넘었다. 11월 온라인 유통업체 매출은 7조 2,000억 원으로 오프라인의 6조 6,400억 원을 넘어섰다. 2016년 6월에 온라인 부문을 조사에 포함한 이후 온라인 매출이 오프라인을 앞선 것은 이때가 처음이라고 한다.

미국 아마존닷컴의 출현과 엄청난 성장으로 시작된 전 세계 디지털 유통의 발전은 나와 여러분이 경험하고 있는 현실이다. 가끔은 주가 디지털 유통이고, 부가 오프라인 유통이 아닌가 하는 생각조차 든다. 베이비부머 세대인 나조차 이런 생각이 들고 디지털 경험에 익숙해져 있으니 디지털 채널의 엄청난 성장은 연구와 데이터의 입증이 없어도 모두 느끼고 있고 지속될 것으로 보인다.

코로나19가 촉발한 유통의 대전환

아침에 학교에 가는 길에 커피를 주문하려고 스타벅스에 종종 들른다. 언제부터인가 '사이렌 오더'로 미리 주문하고 카운터를 거치지 않고 바로 픽업한다. 코로나가 만든 새로운 풍속도이다. 가능하면 직원과 접촉을 줄이는 언택트 문화에 나도 참여하고 있다.

〈매일경제〉에 '플라스틱 팬데믹'이라는 용어가 나왔다. 코로나19로 재택근무 중이던 기자가 배달앱을 이용해 식사를 주문했는데, 일주일 동안 나온 플라스틱 폐기물이 총 98개였다고 한다. 코로나 팬데믹이 플라스틱 팬데믹을 만들어낸 것이다. 또한 코로나19가 불러온

언택트 문화는 온라인 유통인 배달앱을 급격히 성장시켰다. '배달의 민족' 매출액은 2019년 5,611억 원에서 2021년 2조 292억으로 4배가량 성장했다. 코로나19가 폐플라스틱의 배출을 급증시켰고 유통에는 급격한 변화가 일어났다.

산업통상자원부는 코로나 이전인 2019년 2월과 코로나 이후인 2020년 2월의 유통 업태별 매출 구성을 비교했는데, 온라인 유통이 전체 유통에서 차지하는 비율이 39.8%에서 49%로 거의 10%가량 늘었다. 또한 2020년 8월 맥킨지 연구 보고서는 '온라인으로 비상(Flight to Online)'이라는 용어를 쓰며 코로나19로 인해 사회적 거리두기와 집콕 주문이 온라인 쇼핑이라는 소비자 행동에 획기적인 변화를 초래했다고 발표했다. 더 의미심장한 것은 코로나19 이후에도 이 변화는 지속될 것으로 보인다는 것이다.

이처럼 코로나19는 사람 간의 접촉을 줄이는 소비자의 행동 패턴의 변화를 만들었다. 스타벅스의 '사이렌 오더'처럼 주문 방식의 변화와 '플라스틱 팬데믹'이라는 용어를 만들어낸 온라인 유통의 엄청난 변화만 보아도 알 수 있다. 코로나 이전부터 심상치 않았던 디지털 유통은 코로나19라는 외부 촉매제를 만나 급성장의 길에 들어섰다.

2

옴니채널의 시대,
경쟁이 아니라 생존이다

　오프라인 소매업의 쇠퇴는 명백하다. 글로벌 컨설팅기업인 보스턴컨설팅그룹(Boston Consulting Group)의 싱크탱크, BCG 헨더슨 인스티튜트에 따르면 코로나19 이전에 이미 미국 내 폐업하는 매장의 수가 최고치를 달성했다. 코로나가 창궐한 2020~2021년에 폐업하는 매장의 수는 이보다 훨씬 많을 가능성이 크다. 지난 10년간 오프라인 소매업의 급격한 감소를 두고 많은 사람이 '소매업 종말론'을 이야기했다. 아마존을 비롯한 온라인 유통의 급부상이 만들어낸 거대하고 파괴적인 현상의 결과이다. 길거리에서 흔하게 만나왔던 매장들이 없어진다는 상상조차 안 되는 풍경이 현실이 되고 있다.

미국 내 개폐업 매장 수

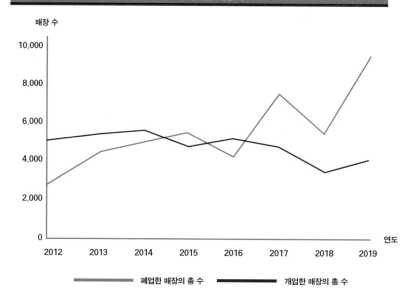

매장 수

10,000

8,000

6,000

4,000

2,000

0

연도

2012　2013　2014　2015　2016　2017　2018　2019

――――― 폐업한 매장의 총 수　　　　――――― 개업한 매장의 총 수

　실제로 오프라인 매장이 모두 없어질까? 보스턴컨설팅그룹은 최근 보고서에서 오프라인 소매업이 살아남기 위해 어떤 유통전략을 구사해야 하는지를 정리했다. 소매업의 기본적인 일곱 가지 기능은 결제와 제품 검색, 재고 관리, 압도적인 편리함, 제품의 물성과 느낌, 몰입도 높은 탐색, 개인적이고 신뢰할 수 있는 조언이다.

　결제와 제품 검색, 재고 관리는 온라인 유통이 오프라인 매장보다 우위에 있다. 보스턴컨설팅그룹은 나머지 네 가지 기능인 압도적인 편리함, 제품의 물성과 느낌, 몰입도 높은 탐색, 개인적이고 신뢰할 수 있는 소연에서는 여선히 오프라인 매상의 상섬이 많으므로 이 부분에서 더욱 소비자에게 집중하는 전략을 구사해야 한다고 주장했다.

현재는 오프라인 매장의 장점이 많다고 하는 이 기능들도 디지털 유통의 기술로 머잖아 해결될 것이다. 가상현실과 증강현실, 인공지능 등 기술의 발전을 통해 온라인 매장이 한계를 극복할 날이 올 것이다.

오프라인 매장의 종말은 없다

이제는 어느 산업도 온라인 유통만으로, 오프라인 유통만으로 소비자를 만족시킬 수 있다고 생각하지 않는다. 월마트가 온라인 유통에 투자를 늘리고 있고, 아마존이 유기농 슈퍼마켓인 홀푸드 마켓(Whole Foods Market)을 인수하고 아마존고(Amazon Go), 아마존패션 등의 오프라인 매장으로 확장하고 있다. 신세계가 SSG닷컴에 투자하고, 이베이코리아를 인수하는 전략 또한 이와 상통한다. 소비자를 만족시키고 고객가치를 높이려면 온라인과 오프라인 유통 전략을 모두 구사해야 하는 세상이 된 것이다. 소비자가 언제 어디서든 온·오프라인의 다양한 경로를 넘나들며 상품과 서비스를 구매할 수 있는 옴니채널의 쇼핑 환경을 만들어야 한다.

최근에 직장생활을 은퇴한 지인이 있다. 지인은 출근하지 않고 집에 있는 것이 아직 익숙하지 않다. 그 지인의 아내는 직장생활을 하고 있어 지인은 집에서 혼자 점심을 먹는 경우가 많다. 항상 동료나 거래처와 함께 먹다가 은퇴하고 혼자서 밥을 먹는 것이 어색하다고 한다. 특히 식당에서 홀로 먹는 것은 거북하다. 어느 날 그 지인을 만났을 때의 일이다.

"요즘은 혼자 밥 먹기가 싫어서 점심을 배달의민족이나 쿠팡이츠로 시켰는데 그것도 자주하니까 별로예요. 그러자 아내가 야쿠르트 아줌마(지금은 '프레시 매니저'라고 호칭한다)에게 밀키트를 시켜보라고 하던데요. 낮에 누군가에게 대면 주문을 하면 멋쩍어서 말입니다. 그런데 야쿠르트에 모바일 사이트가 있더라고요. 프레딧이라는 사이트에서 순두부찌개와 미역국을 주문했는데 아침에 문 앞에 배달해 놓습니다. 이것으로 점심을 해결하곤 하죠.

아내가 우유와 야쿠르트는 정기 배송하고 있어서 야쿠르트아줌마를 마주치면 그 자리에서 몇 가지 사기도 합니다. 야쿠르트는 독특한 오프라인 채널인 야쿠르트아줌마를 통해서만 장사하는 줄 알았는데, 다양하게 사업하더군요. 저처럼 은퇴한 사람에게도 좋고, 자취하는 사람이나 맞벌이하는 부부에게도 좋겠어요."

한국야쿠르트도 오프라인과 온라인을 이용해서 고객을 어디서든 만족시키는 옴니채널 전략을 적절히 구사하고 있다. 소비자는 기존의 오프라인 채널인 프레시 매니저를 통해서도 주문할 수 있고 모바일 채널인 프레딧을 통해서도 주문할 수 있다. 모바일로 주문하면 배송은 프레시 매니저가 수행한다.

옴니채널은 고객이 언제 어디서나 원하는 상품을 살 수 있도록 지원한다. 옴니채널은 물리적 채널과 디지털 채널 간 상호작용의 이해가 수반되어야 한다. 베인앤드컴퍼니(Bain&Company)의 대럴 릭비 소매유통사업부 파트너는 말했다. "유통은 디지털 세상과 아날로그 세상의 가장 좋은 장점들을 합치는 방법을 배워야 한다. 소비자가 원하는 때에 어떤 것이든, 편리하게 주문할 수 있는 환경을 만들어야 한다."

하버드의 한 연구에 의하면 긍정적인 매장 내 경험은 고객의 충성도를 올려 최대 60% 더 많은 지출을 유도한다. 매장 내의 경험과 디지털의 경험이 힘을 합쳤을 때 고객의 만족을 극대화하고 최대의 매출을 올릴 수 있는 것이다. 온라인 쇼핑몰이 보유하는 방대한 양의 고객 정보와 물리적 공간을 점유하는 오프라인 점포의 장점을 접목해 통합된 고객 경험, 소비자 경험을 제공하면 앞서 은퇴한 친구처럼 고객이 행복을 느낀다.

유통은 일찍이 소비자의 변화를 받아들여 디지털 세상으로 갔고, 이제 한 단계 더 나아가 디지털과 아날로그 세상을 합친 옴니채널의 시대로 들어섰다. 오프라인 매장의 종말은 없다. 소비자들이 다양하게 경험하고 만족할 수 있도록 오프라인과 온라인이 함께 해야 하는 세상이 온 것이다.

3

한손잡이 영업은
무너질 수밖에 없다

글로벌 컨설팅기업인 맥킨시앤드컴퍼니(McKinsey&Company)가 연구한 옴니채널 소통의 효과성에 따르면 기업 구매자의 83%가 옴니채널 소통 방식이 기존의 대면 소통 방식과 효과가 같거나 더 크다고 했다. 심지어 한국 기업고객의 93%는 옴니채널 소통의 효과가 더 크다고 응답했다. 즉, 새로운 소비자의 출현이 옴니채널 세상을 만들었고, 그들이 기업의 구매자가 되어 다시 한 번 디지털과 아날로그, 대면과 비대면의 통합된 소통 전략을 구사하고 있는 것이다.

방식은 달라도 목표는 하나다

마케팅의 목표는 고객가치 창출이다. 마케팅믹스 전략 중의 하나인 유통의 목표도 당연히 고객가치의 창출이다. 이를 통해 기업은 매출과 이익의 최대화를 통해 주주 가치의 극대화를 이룬다. 영업의 목표 역시 고객가치의 창출이다. 고객의 니즈를 이해하고 그에 맞는 가치를 제공함으로써 고객가치를 창출한다.

다시 말해 마케팅과 영업의 목표는 동일하다. 접근 방식과 책임 영역이 다를 뿐이다. 마케팅의 한 축인 유통과 영업은 고객가치를 창출해야 하는 같은 미션을 가졌다. 유통은 이미 오프라인 유통의 종말을 고려할 정도로 디지털 유통의 약진이 있었다. 그렇다면 영업의 변화는 어떨까? 유통보다 늦었지만 영업도 반드시 변해야만 하는 상황에 직면했다. 기존의 영업 방식만 고수하면 무너질 수밖에 없다. 디지털 소통과 물리적 소통을 함께 해야 하는 '하이브리드 세일즈' 시대에 진입한 것이다. 유통은 옴니채널의 시대, 영업은 하이브리드 세일즈 시대에 들어섰다.

새로운 영업, 하이브리드 세일즈!

하이브리드 세일즈는 전통적인 대면 영업과 전화, 온라인, 비디오를 통한 디지털 기반의 비대면 영업을 목적에 따라 구사하는 통합

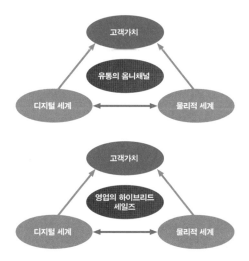

영업 전략이라고 정의할 수 있다. 상황에 따라 디지털 소통과 아날로그 소통을 구사하며, 고객과 관계를 쌓고 고객에게 가치를 제공하는 영업전문가의 역량을 뜻하기도 한다.

여기에 디지털 기술이 혁신적으로 변화하고, 이에 익숙한 고객이 출현했으며, 기존 고객이 적응함으로써 비대면 영업이 원활해졌다. 비대면 영업은 소셜 셀링, 디지털 셀링, 가상 영업(Virtual Selling), 원격 영업(Remote Selling), 인사이드 세일즈(Inside Sales) 등 다양한 용어로 불린다. 이에 관해서 뒤에서 자세히 살펴보도록 하겠다.

영업직원은 코로나19로 비대면 영업과 디지털 소통을 할 수밖에 없게 되었다. 고객도 마찬가지로 디지털 소통을 받아늘여야만 했다.

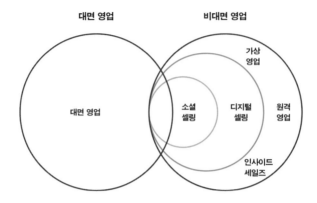

이를 계기로 고객은 대면과 비대면 영업 패턴 모두에 익숙해졌고 이것이 더 효율적이라는 것도 알게 되었다. 디지털 시대에는 기존의 대면 영업역량만으로 살아남을 수 없다 보니 디지털 역량과 휴먼 터치가 더욱 요구되고 있다. 하이브리드 세일즈는 전통적인 영업핵심 역량에 기반을 두고, 그 위에 디지털 역량과 감성 역량을 더한 것으로 미래의 영업에 대비하는 완벽한 영업 전략이라 할 수 있다.

관계지향 영업
vs.
거래지향 영업

영업의 종류는 많다. 그래서 영업직군에 종사하는 영업전문가늘은 구분이 다른 영업을 이해하지 못하고 '내가 하는 영업과 다르다.'고 생각한다.

일반적으로 우리는 영업을 B2B영업 혹은 B2C영업으로 구분하는데 익숙하다. 법인을 대상으로 하느냐, 개인을 대상으로 하느냐의 구분이다. 직접영업과 간접영업으로 구분하기도 한다. 고객을 직접 만나서 영업하느냐, 아니면 간접 채널인 대리점을 통해서 영업하느냐의 차이이다. 해외 영업과 국내 영업으로 구분하기도 한다. 이외에도 산업별로 영업을 구분한다. 영업선분가늘은 IT 넝업, 사롱사 넝입,

보험 영업, 제약 영업, 의료기기 영업, 제조 영업, 금융 영업 등등 산업별로 영업 방식이 다르다고 생각하고, 고객에게 다르게 접근하기도 한다.

마케팅도 산업별로 나뉜다. 그러나 영업이 구분하는 것처럼 산업별로 방식이 완전히 다르지는 않다. 마케팅믹스인 가격(Price), 제품(Product), 광고 촉진(Promotion), 유통(Place)의 4P 전략으로 각각의 시장에 접근하는 것은 공통의 요소이고, 산업별로 전술이 조금 다를 수 있다고 생각하는 것이 마케터의 일반적인 사고이다.

반면에 영업전문가는 자신과 유형이 다르거나 소통 방식이 다른 영업에 대해서 완전히 배타적인 생각을 가지곤 한다. 그렇다면 영업을 일반적으로, 객관적으로 구분할 방법은 없을까? 나는 산업과 고객 접근 방식에서 서로 완전히 구분되도록 나누는 방법을 고민했다. 많은 연구를 참고하고 고민한 결과 고객과의 '관계 유형'에 따라 나눌 수 있다는 결론에 도달했다. 즉, 관계지향 영업(Relationship Selling)과 거래지향 영업(Transactional Selling)의 구분이다.

고객과의 장기적인 관계가 중요한 영업은 관계지향 영업으로 정의한다. 관계지향 영업은 고객의 니즈를 만족시키는 해결책을 제공하고, 이를 통해 고객과의 관계를 장기적으로 쌓아 고객이 평생 나에게 제품과 서비스를 구매하는 '고객 생애 가치(Customer Lifetime Value)'를 추구한다. 반면에 거래지향 영업은 고객과의 장기적인 관계보다는 거래를 통한 현재의 매출을 최대화하는 것이 가장 중요하다. 고객에게 좋은 가격과 편의성을 제공하여 현재의 매출을 증대시키는 것이 거래지향 영업의 전형이다.

관계지향 영업은 고객과 신뢰를 쌓고 고객에게 가치를 제공하는 것이 중요하고 거래지향 영업은 제품을 진열하고 점포의 입지를 바탕으로 단기 매출을 증대시키는 것이 중요하다. 일반적으로 관계지향 영업은 장기적인 고객관계가 중요한 B2B영업이 해당되고, 거래지향 영업은 유통 관리를 통해 시장점유율과 매출을 높여 매출 목표를 달성하는 B2C영업이 많다.

그러나 B2C영업에 해당하는 보험, 자산관리, 프라이빗뱅킹 영업은 장기적인 신뢰관계가 중요한 관계지향 영업이며, B2B영업에 해당하는 식자재 영업, 주류 영업, 화장품 유통 영업은 단기적인 매출을 중요시하는 거래지향 영업의 특성을 가지고 있다.

"임 교수가 영업을 알아요?" 소매상 관리와 유통 정책 업무를 오랫동안 경험한 분이 《영업은 배반하지 않는다》를 출간한 직후에 내게 던진 말이다. 25년간 영업 일선에서 실무부터 임원까지 다 겪은 내게 이런 질문을 하다니! 처음에는 이분이 왜 이런 말도 안 되는 이야기를 할까 생각했다. 그러나 곧 이해할 수 있었다. 한편으로는 맞고 한편으로는 틀린 말이었다. 질문에서 언급한 영업이 거래지향 영업을 언급했다면 그분의 말이 맞다. 그러나 관계지향 영업을 언급했나면 그분의 말은 틀렸다.

거래지향 영업을 평생 해온 사람에게 관계지향 영업은 영업이 아닌 것이다. 말장난 같아 보이지만 영업이라는 단어에는 상당히 많은 유형이 포함되어 있어서 영업하는 사람이든 아니든, 사람들에게 영업은 제각각 다른 종류이고 다른 의미인 것이다.

관계지향 영업은 사람 간의 신뢰관계를 구축하는 것이 기초이며, 거래지향 영업은 매출과 시장점유율 달성을 위한 유통정책이 더 중요하다. 거래지향 영업은 사실 유통 관리와 더 밀접하다. 거래지향 영업은 영업직원의 역량보다 진열과 점포 입지가 중요시되는 유통관리의 영역에 더 가깝다고 볼 수 있다.

이미 유통은 디지털 세계를 경험하고 디지털과 물리적 채널을 통합하는 옴니채널의 세상에 진입했다. B2C영업과 거래지향 영업은 디지털을 넘어서 옴니채널의 세계로 갔다. 반면에 B2B영업과 관계지향 영업은 여전히 전통적인 대면 영업이 유효하다고 생각한다. B2B영업이 코로나19 이전까지 디지털 세상에 발도 내딛지 못했던 이유이다. 그런데 영업이 태동하고 대면으로만 진행했던 소통 방법이 급격하게 변하기 시작했다. B2C영업과 거래지향 영업이 디지털을 거쳐 옴니채널로 갔던 그 길을, B2B영업과 관계지향 영업이 아주 짧은 시간에 디지털 전환을 거쳐 하이브리드 세일즈로 향하게 되었다.

문제는 코로나가 아니다

_ IT기업 디지털 세일즈팀 영업직원

Q "디지털 영업은 대면 접촉 없이 소셜미디어 등을 통해 영업 과정을 밟아나가는 것으로 알고 있습니다. 잠재고객을 발굴해서 계약까지 한다고 알고 있는데, 한국인의 정서상 고객에게 전화나 이메일로 소통하고 설득하는 것이 잘 받아들여지지 않을 것 같아요. 어떻게 가능한지요? 특히 계약까지 비대면으로 한다는 것은 더욱 이해되지 않습니다."

A "전통적인 영업에 익숙하신 분들은 잘 이해되지 않을 것입니다. 그런데 비대면으로 영업을 진행하는 것은 가능합니다. 더구나 지금은 코로나로 인해 대면 영업이 불가해졌기 때문에 더욱 가능하고요. 코로나 이전에도 디지털 세일즈팀은 비대면으로 영업하고 매출 목표를 달성해 왔습니다.

물론 대형 고객보다 중소형 고객을 타깃으로 하고, 기존 고객을 관리하면서 디지털 툴을 통해 신규 고객을 발굴해 장기 고객으로 바꾸어가는 일을 했지요. 저희 본사가 있는 미국에서는 비대면 영업이 10여 년 전부터 진행되었습니다.

이 일을 몇 년 해보니 비대면 디지털 세일즈가 가능했던 가장 큰 이유는 고객이 변한 것이라고 생각합니다. 전통적인 베이비부머 세대의 고객이 은퇴하고 밀레니얼 세대가 주요한 의사결정자가 되고 있습니다. 아시겠지만 베이비부머 세대와 달리 이들은 인터넷, 모바일, 소셜미디어가 생활이지 않습니까?

그들이 구매 의사결정자가 됐고, 곧 Z세대도 이 대열에 합류할 것이고요. 주요 구매 의사결정자들이 달라진 것이죠. 당연히 구매 행태가 바뀌었고 디지털 세일즈가 가능해졌습니다. 이제 대형 고객을 담당하는 영업직원들도 세대가 바뀐 고객을 만족시키려면 디지털 세일즈 스킬을 구사해야 하지 않을까요?"

그렇다. 고객이 바뀌었다. 우리가 소비자로서 온라인 쇼핑이 당연해진 것처럼, 영업에도 소셜미디어와 디지털 툴을 이용한 디지털 세일즈가 반드시 필요하다. MZ세대가 주요 구매 의사결정자가 되고

있고, 점점 그 수가 늘어날 것이기 때문이다. 여기에 코로나 팬데믹
으로 인해 비대면 영업을 할 수밖에 없었고, 또 해보니 큰 문제가 되
지 않는다는 것을 체감하면서 변화에 가속도가 붙었다.

HUMAN TOUCH
+
DIGITAL
=
HYBRID SALES

시간과 공간의 제약을 넘어서 자유롭게 경험하고 구매하는 '새로운 소비자'가 등장했다. 디지털과 함께 태어나고 자란 MZ세대는 디지털로 소통하고 디지털로 가치를 느낀다. '오팔(Old People with Active Lives) 세대'라고 불리는 활기찬 인생을 살아가는 어르신들과 '욜드(Young Old)'라고 호칭하는 65~75세의 젊은 노인, '액티브 시니어(Active Senior)'라고 하는 은퇴 이후에도 하고 싶은 일을 찾아서 도전하는 50~60대 베이버부머 세대도 디지털에 익숙해졌다. 기업은 이들을 만족시켜야 생존하고 발전할 수 있는 환경에 들어섰다.

PART 2

달라진
소비자를
이해하라

4

디지털로 무장한
'새로운 소비자'

학교에서 처음 강의를 시작할 때 만난 학생들은 내가 상상했던 모습과 달랐다. 나는 과거 나의 학생 시절의 모습을 떠올렸던 것이다. 과거의 학생들은 교수님의 강의가 지식을 쌓는 유일한 방법이어서 어떻게든 수업에 몰두해야 했다. 교수님의 말 한마디가 법이었다. 그러나 지금 내가 만나는 학생들은 디지털 세상에서 다양하고 수준 높은 전공 공부를 할 수 있는 환경이 갖춰졌기에 교수의 강의에 몰두하지 않아도 되고, 교수의 말이 법이 되지도 않는 것 같다.

코로나19는 우리 사회에 많은 변화를 가져왔다. 만남의 형태가 변화하고, 젊은 세대가 필드에서 골프를 치기 시작하고, 테니스와 같은 야외 스포츠 인구가 폭증하고, 일상적으로 마스크를 착용하는 등등 생각하지 못했던 변화가 있었다. 한편 대학에서는 강의 형식의 혁신이 있었다. 디지털 강의 포맷이 자리 잡은 것이다.

직장, 집, 학교의 디지털화

코로나 팬데믹 기간에 나는 학교의 모든 강의를 화상으로 진행했다. 우리 대학은 화상회의 플랫폼으로 '웹엑스(Webex)'를 사용하여 화상강의를 했다. 처음 실시간 화상강의를 시작했을 때는 학생들과 상호작용도 없는 온라인 강의가 과연 의미가 있을지, 강의 성과가 날 수 있을지, 상호작용이 어려워서 진도가 너무 빨리 나가지 않을지 여러 가지 의구심이 들었다.

그러나 몇 년간 실시간 화상강의를 통해 학생들이 디지털 환경에 급속히 적응하고 어떤 면에서는 강의실에서 하는 강의보다 효과가 더 좋았다. 웹엑스의 기능 중 '세부 세션'이라는 기능이 있다. 강의 중 분임 토의를 하도록 팀을 나누고, 온라인에서 각 팀이 토의하고 결과물을 공유, 발표, 토론할 수 있는 기능이다. 오프라인 강의를 할 때는 분임 토의가 거의 불가능하다. 한 강의에 학생이 60명 정도 되는데, 이들을 열 개의 팀으로 나누어 토론할 수 있는 장소를 구하기 어렵고, 한 강의실에서 진행한다고 해도 아마 도떼기시장이 될 것이다.

온라인 강의에서 간단한 읽을거리를 주고 각자의 위치에서 분임 토의를 진행하니 학생들이 무척 재미있어했다. 강의 성과도 훌륭했다. 주제에 대해 강의한 후 세부 세션을 통한 분임 토의를 진행하니 학생들의 아이디어도 출중했고, 그들도 즐기는 것이 느껴질 정도였다. 그들은 디지털 변화에 쉽게 적응했으며, 강의보다 이를 토대로 토론하고 아웃풋을 만들어내는 것을 더 즐거워했다.

현재 내가 대학원 강의에서 만나고 있는 학생들은 대부분 밀레니얼 세대이고, 학부에서 만나고 있는 학생들은 Z세대이다. 이른바 MZ 세대이다. 이 학생들을 만족시키기 위해서 과거 내가 학생이던 시절을 미루어 짐작해보았자 부질없다.

요즘 세대의 학생들은 강의가 길지 않아야 하고, 최근의 사례나 읽을거리를 가지고 토론해야 한다. 내가 가르치는 내용은 유튜브나 인터넷 등을 통해 얻을 수도 있기 때문이다. 또 과제를 수행할 때 권위적인 태도로 소통해선 안 된다. 그들은 공정하지 못한 것을 참지 못하는 성향이 있다. 과거의 학생과 지금의 학생 중 어느 학생이 옳다, 그르다를 논할 필요는 없다. 세대의 특징과 성향이 달라진 것뿐이다. 새로워진 학생들에게 맞추어 교육하면 된다.

스마트폰을 가지고 놀며 자란 아이들

밀레니얼 세대는 1981~1996년에 출생한 세대이다. Y세대라고도 하며 태어날 때부터 PC와 TV를 사용하는 환경에서 자란 세대이다.

디지털 환경에서 어린 시절을 보내고, IT 세상에 아무렇지 않게 적응한 첫 세대이다. IT기술과 플랫폼을 적극적으로 수용한 세대이기도 하다. 그들은 미디어, 게임, 소셜미디어, 경험을 중시하고 타인의 시선보다 자신의 만족을 의사결정의 기준으로 삼는다. 전통적인 베이비부머 세대와 현재 가장 영향력 있는 X세대와 조금 다른 가치 판단의 기준을 가지고 있다.

Z세대는 1997~2009년 사이에 태어난 세대이다. 이들은 밀레니얼 세대처럼 디지털 환경에 익숙하다. 그들보다 한 차원 더 디지털 세상에 들어간 세대라고 할 수 있다. PC 환경에서 자란 밀레니얼 세대와 달리 Z세대는 스마트폰, 유튜브와 함께 자랐다. 이들은 밀레니얼 세대보다 기술 의존도가 높아 디지털 환경을 소비 활동에 적극적으로 활용한다. 이들 MZ세대는 디지털 환경에 익숙한 세대이고 최신 트렌드와 이색적인 경험을 추구한다. 그들은 집단보다 개인의 행복, 소유보다 공유, 상품보다 경험을 중시한다.

베이버부머 세대의 친구가 있다. 그가 PC를 기반으로 한 IT기술을 처음 접한 것은 대학에 입학한 직후였고, 개인 PC를 가진 것은 직장에 입사한 후였다. 윈도우, 마우스, 그래픽 인터페이스 등도 직장에서 익숙해졌다. 그에게는 딸이 하나 있다. 그녀는 밀레니얼 세대의 끝과 Z세대의 처음에 접한 세대이다. 말하자면 두 세대의 성향을 다 가진 전형적인 MZ세대이다. 그 아이가 태어났을 때 집에는 마우스와 윈도우를 사용하는 PC가 있었다고 한다.

그 지인의 세대 이전에는 윈도우를 사용한 그래픽 인터페이스가 아니라 지금은 이해하기도 어려운 DOS 명령어를 사용한 PC를 썼다. 그런데 이 아이는 어려서부터 그래픽 기반의 윈도우 PC와 마우스를 가지고 놀았다고 한다. 말 그대로 배운 것이 아니라 논 것이다. 어느 날 집에 오니 PC 화면에 아이콘 수가 줄어 있었다고 한다. 그다음 날에는 더 줄어 있었고 위치도 바뀌어 있었다. 두 돌도 안 된 아이가 마우스를 가지고 놀다가 아이콘을 드래그해서 휴지통에 넣어놓기도 하고 배열을 바꾼 것이었다. 매뉴얼도 없이 마우스를 가지고 놀다가 알아낸 것이다.

그 아이는 어려서부터 PC를 가지고 놀았고, 조금 커서는 스마트폰을 가지고 놀았을 것이다. 디지털 환경은 MZ세대에게 놀이터였다. 그들은 현재 베이비부머, X세대보다 더 강력한 소비자가 되었고, 구매 의사결정의 중심에 있는 '새로운 소비자'이다. 그들은 이미 유통시장에서 소셜미디어를 기반으로 영향력을 발휘하고 있다.

디지털 기기에 능숙한 5060 부머쇼퍼

베이비부머 세대와 노인 세대는 사회생활을 시작하며 디지털 환경을 접하기 시작했다. 디지털 기술과 함께 태어나고 자란 젊은 세대보다는 적응력이 떨어지지만, 이들도 새로운 소비 환경에 맞게 새로운 기술에 적응해왔다.

마켓컬리로 내일 먹을 식품을 고르는 재미에 푹 빠지고, 카카오 선물하기로 친구와 자녀에게 소소하게 선물하고, 스타벅스의 사이렌 오더로 커피와 케이크를 비대면으로 주문하고, 쿠팡이츠와 배달의민족으로 한 끼를 때우는 것에 색다른 즐거움을 느낀다. 오팔 세대, 욜드 세대, 액티브 시니어라고 불리는 베이비부머 세대와 노인 세대도 디지털에 익숙해졌다. 사회적 거리두기는 그들을 디지털 플랫폼에 빠르게 적응시켰다. 아날로그 감성과 디지털 트렌드를 장착한 강력한 소비파워를 가진 소비자이다.

개인 소비자는 MZ세대는 물론이고 베이비부머와 노인 세대까지 디지털 기술을 적극 활용하는 새로운 소비자가 되었다. 이로 인해 개인 소비자를 대상으로 하는 기업은 변화 과정을 거치며 크나큰 시련을 겪었다. 개인이 구매하는 제품과 서비스를 판매하는 기업은 디지털 시대의 수비자를 만족시키는 디지털 유통의 혁신을 이루어내야만 했다. 이를 만족시키지 못한 기업은 쇠퇴했다. 지극히 아날로그적이었던 월마트와 한국의 이마트도 디지털 기술을 활용한 유통의 혁신을 적극적으로 적용하고 또 지속적으로 받아들이고 있다. 개인 소비자를 타깃으로 하는 기업은 이미 달라진 고객을 인식하고 그들에게 맞춰야 한다는 것을 뼈저리게 배우고 있다.

소비의 목적과 통제가 다를 뿐

구매는 개인만 하는 것이 아니다. 시장에서 기업이 하는 구매도 개인 구매 못지않은 물량을 가지고 있다. 마케팅과 영업의 대상은 개인뿐만 아니라 기업(공공을 포함)도 포함한다. 그렇다면 기업 소비자인 B2B 고객은 어떤 변화가 있었을까?

기업고객은 개인 소비자와 다르지 않다. 기업고객도 사람이다. 개인 구매를 하는 소비자가 기업에 소속되어 기업의 관리 아래에 기업의 성장과 발전을 위해 무엇인가를 구매하면 기업고객이다. 따라서 기업고객의 소비 행태도 개인 소비자의 소비 행태와 함께 분석하는 것이 맞다.

다만 소비의 목적이 다르고 소비의 통제가 다르기 때문에 개인으로서 소비하는 행태와 기업 구매 담당자로서 소비하는 행태가 같을 수는 없다. 개인 소비자는 자신을 위해 구매를 결정한다. 기업고객은 기업의 성공을 위해 구매를 결정하고 소비한다. 즉, 기업 구매 담당자는 독단적으로 구매하지 못한다. 조직의 위계질서와 구매 프로세스에 의거하여 기업 혹은 이사회의 통제를 받고 구매한다. 또한 공식적인 구매 절차와 위계질서가 있다 보니 최근까지도 기업고객은 비대면 구매보다 대면 구매를 선호했다. 개인 소비자들의 비대면 소비가 대면 소비의 매출을 넘어섰음에도 기업고객은 주로 대면 영업을 통해서 소비했다.

이렇듯 보수적인 기업고객이 비대면 소통을 받아들이고 적극적으로 변화하고 있다. 그들이 새로운 소비자라는 것을 확인시켜주며, 코로나19를 촉매제로 디지털 전환이 시작되었다. 개인 소비자의 변화 속도와 비교하면 무서운 기세이다. 페이지를 넘겨 기업고객의 변화된 모습에 관해 더 상세히 알아보도록 하겠다.

5

일하는 방식을 바꾼
기업고객들

한 외국계 기업의 영업직군에서 근무 중인 지인이 한 이야기이다. 미국에서 오랫동안 영업해온 재미교포가 자신의 상사로 왔다고 한다. 그 재미교포는 초등학교도 가기 전에 미국에 가서 한국어에 서툴렀다. 그 재미교포 보스가 한국에 와서 고객을 만나면서 한 이야기를 내게 들려줬다. 한국에 와서 '갑'이라는 단어를 배우고는 이런 이야기를 했다고 한다.

"한국의 고객이 갑인 줄은 알았지만, 진짜 센 갑입니다. 내가 한국에 와서 배운 말을 섞어서 한국의 고객을 표현해보겠습니다. 미국의 고객이 갑이라면 한국의 고객은 슈퍼 울트라 갑입니다."

한국의 고객은 미국 사람이 보기에 관리하기 매우 어려운 고객이라는 이야기이다. 그 '슈퍼 울트라 갑'이었던 고객이 이제 디지털 툴을 이용하여 비대면으로 소통하는 시대가 되었다. 미국을 포함한 서구권 국가들은 기업고객이 전화와 우편을 통해 원격으로 구매하고, 소셜미디어와 디지털 툴을 이용해서 온라인으로 구매하는 등 비대면 구매를 일찍이 도입했다. 많은 기업이 원격 영업과 소셜 셀링, 디지털 셀링을 수행하며 발전시켜왔다.

반면에 대면 문화가 주류인 동아시아 국가, 특히 한국은 코로나19 이전까지는 디지털 툴을 이용한 기업고객의 비대면 구매는 거의 진행되지 않았다. 한국 기업고객들의 구매 패턴은 비대면 구매를 거부하고 오로지 영업직원과의 대면을 통한 인적 구매로 이루어졌다. 한국이 대면 문화를 선호하고, 고객과 영업직원과의 관계를 '갑을 관계'로 인식하는 탓에 제품과 서비스를 파는 사람은 고객을 찾아가야 한다는 통념을 버리기가 어려웠다. 그러다 보니 디지털 툴을 이용한 비대면 구매와 비대면 영업은 거의 불가능했다.

코로나 이전으로 돌아갈 순 없다

맥킨지앤드컴퍼니의 최근 자료에 의하면 코로나19 대유행은 기업의 구매자와 판매자 간의 소통 방식을 극적으로 변화시켰고, 속도를 가속화했다. 맥킨지는 2016년부터 매년 B2B 의사결정권자들에게 어떻게 공급업체를 찾고, 그들과 관계를 구축하고 육성하는지에 관해 펄스 서베이(pulse survey, 짧은 주기로 실행하는 설문조사)를 진행하여 발표하고 있다.

발표에 따르면 2020년 초에 코로나19가 발생하고 고객 행동이 극적으로 변화하기 시작해 기업고객은 영업 담당자와 화상회의를 통해 소통하고 이커머스를 통해 구매하기 시작했다. 이로 인해서 B2C 영업에 비해 뒤처져 있던 B2B영업도 속도를 내며 디지털화를 진행했다. 설문 응답자는 코로나 팬데믹이 B2B영업에서 디지털 툴의 이용과 이커머스로의 이동을 가속화했고, 이러한 변화는 계속될 것이라고 밝혔다.

아마도 이 설문 결과를 보면 '미국과 서방의 현실이지, 한국은 좀 다르지 않으냐?'고 반문할 수 있다. 그래서 맥킨지의 설문조사 대상에 대해 잠시 짚고 넘어가고자 한다.

이 설문은 미국을 포함한 11개국의 12개 섹터에서 3,600명의 기업 구매 의사결정자를 대상으로 진행했다. 그리고 11개국 중에 한국이 포함되어 있다. 이 설문은 한국을 포함한 B2B고객의 주요 의사결정자를 대상으로 하고 있다. 설문 결과에 의하면 고객은 더는 대면 소통만을 원하지 않는다. 3분의 1은 직접 방문하고, 3분의 1은 전화나 화상통화를 통한 원격 소통을 하고, 3분의 1은 포털, 모바일, 이커머스을 이용한 온라인 소통이 차지하고 있다.

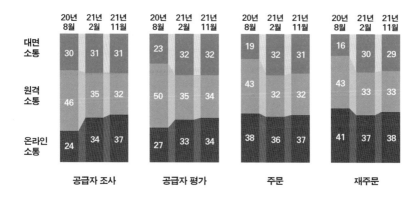

구매 단계별 소통 방법(11개국)

이 결과는 국가, 산업, 기업의 규모와 상관없는 조사 결과이다. 응답자의 94%는 대면과 비대면 소통이 코로나 이전의 상황보다 더 효과적이라고 믿었다. 코로나19 이전과 다르게 기업고객은 열 개 이상의 채널을 통해 공급업체와 정기적으로 소통한다고 응답했다. 그들은 원격 또는 온라인 판매 채널을 통해 큰 금액을 지출할 의향이 있으며, 그중에서 35%의 응답자는 단일 거래에 6억 원 이상을 지출하겠다고 했고, 77%는 6,000만 원 이상을 지출할 의향이 있다고 했다.

대면 소통을 선호하는 한국의 경우는 그 결과가 조금 다를 것이라고 생각할 수 있다. 그래서 맥킨지 설문 결과 중 한국 응답자들의 응답 결과를 따로 볼 필요가 있다. 2020년 10월 한국 고객을 대상으로 한 조사 결과도 전체 설문 결과와 일맥상통했다. 한국의 고객도 코로나19 이후 B2B 구매 의사결정자의 선호도와 구매 패턴이 급격히

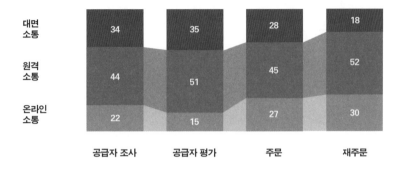

코로나19 이후 구매 단계별 소통 방법(한국)

	공급자 조사	공급자 평가	주문	재주문
대면 소통	34	35	28	18
원격 소통	44	51	45	52
온라인 소통	22	15	27	30

게 변했다. 기업의 규모와 무관하게 디지털 온라인 소통과 원격 소통이 주류를 이루었다.

　다시 코로나 이전처럼 소통하리라 생각하는 고객은 소수였다. 맥킨지에서 조사한 바에 따르면 한국인들은 고객의 20~35% 정도만이 대면 소통으로 돌아갈 것이라 응답했고, 84%는 장기적으로 원격소통과 포털, 모바일, 이커머스의 온라인 소통을 선호할 것이라 말했다. 94%의 응답자는 디지털과 온라인을 통한 구매를 지속할 것이라 했으며, 이 모델로 6,000만 원 이상을 소비할 것이라고 응답했다. 세 명 중 두 명은 전화 혹은 오디오 소통보다 화상회의를 선호한다고 했다. 구매 단계별 영업 담당자와의 소통 방법도 한국 고객의 66~82%의 응답자가 원격과 온라인 소통을 선호한다고 밝혔다.

밀레니얼 세대의 소비 패턴에 주목하라

〈하버드 비즈니스 리뷰〉는 2022년에 약 1,000명의 기업 구매자를 대상으로 설문조사를 진행한 결과, 응답자의 49%가 영업 담당자 없이 진행하는 구매 경험을 선호한다고 했다. 고객을 나누어 보면 베이비부머 세대의 29%가, 밀레니얼 세대의 54%가 이런 구매를 선호한다고 응답했다.

왜 이런 변화가 나타났을까? 개인의 소비 패턴이 변하자 기업고객이 새로운 소비 형태를 보이기 시작했다. MZ세대와 오팔 세대가 유통의 혁신을 일으켰듯이 이제 그 성향을 가진 개인이 기업고객의 주요 의사결정자가 되어 기업고객의 소통 방식을 디지털화한 것이다. 더는 디지털 소통 방식에 관해 왈가왈부할 필요가 없다. B2B영업의 주요한 접근 방식인 관계지향 영업의 소통 변화에 관한 논의기 필요한 단계이다.

MZ세대 미래 소비 트렌드

디지털 기술의 비약적인 발전과 MZ세대를 주축으로 한 새로운 소비 세대는 새로운 특징의 미래 소비자를 창조해냈다. 글로벌 컨설팅기업인 언스트앤드영(Ernst&Young)의 한국 파트너사인 EY한영산업연구원은 이들을 '수퍼 컨슈머'로 명칭했다. 그들은 삶의 모든 영역에서 AI, 시물인터넷, 빅데이터 등 디지털 기술을 활용하는 새로운 형태의 소비자이다. EY한영산업연구원이 정리한 수퍼 컨슈머의 특징을 몇 가지만 나열해보겠다.

첫째, 수퍼 컨슈머는 AI와 같은 디지털 기술을 바탕으로 강력한 정보력과 판단력을 구비하여 효율성이 높은 소비를 한다. 아마존의 AI 엔진인 '알렉사'는 소비자가 일상적으로 사용하는 제품을 추천해 자동구매하도록 프로그램되어 있어서 의사결정 과정을 간소화한다. 소비자가 구매할 때는 일반적으로 문제 인식, 정보 탐색, 제품 비교, 제품 선택, 구매 의사결정 순으로 진행한다. 모든 제품과 서비스를 선택할 때 이 과정을 거칠 필요는 없다.

정기적으로 구매하는 샴푸, 치약 등과 같은 제품은 사실 큰 고민을 하지 않고 잘 진열되어 있다거나 늘 사용하는 제품을 구매한다. 이때 AI의 추천으로 소비자는 정보 탐색과 제품, 비교 선택을 생략하고 바로 구매 의사결정을 할 수 있다. 소비자는 시간을 들이지 않고 효율성이 높은 결정을 할 수 있다. 물론 자신이 관심 있고 중요하다고 여기는 상품들, 예를 들면 자전거 마니아에게 자전거나, 와인 애호가에게 와인을 구매하는 일은 AI의 추천으로 소비자를 만족시키기 어렵다. 이 경우 다섯 단계를 모두 거쳐야 할 것이다. 다만 이러한 구매의사 결정도 소비자가 효율적으로 할 수 있도록 디지털 기술이 진화할 것이다.

둘째, 수퍼 컨슈머는 소유하지 않고 '경험'과 '공유'를 중시한다. 글로벌 공유오피스인 위워크(Wework), 숙박 공유 플랫폼인 에어비앤비(Airbnb)와 같이 소유보다 공유를 선호하고 밀키트를 통한 요리 경험, 스타벅스의 드라이브스루 등 차별화된 경험을 추구한다. 디지털

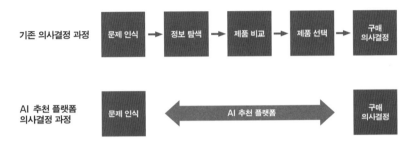

기존 의사결정 과정 | 문제 인식 → 정보 탐색 → 제품 비교 → 제품 선택 → 구매 의사결정

AI 추천 플랫폼 의사결정 과정 | 문제 인식 ← AI 추천 플랫폼 → 구매 의사결정

기술이 만들어낸 또 하나의 소비자의 특징이 되었다.

셋째, 수퍼 컨슈머는 모든 제품과 서비스가 기성품이 아니라 자신에게 맞춰지기를 원한다. 나보다 구글이 나의 검색 성향을 더 정확히 안다. 신한카드가 나보다 나의 쇼핑 습관에 대해서 더 정확히 파악하고 있다. 아마존이 나보다 책에 대한 관심 분야를 더 잘 알고 있다. 개인 소비자가 인지하지 못하는 세심한 부분까지 디지털 기술을 통해 파악할 수 있고, 소비자는 더욱 자신의 관심사에 맞추기를 원한다.

이렇듯 수퍼 컨슈머의 특성을 가지고 있는 소비자는 쿠팡, 마켓컬리, 아마존 같은 디지털 기술을 바탕으로 디지털 유통의 급성장을 이루어냈다. 수퍼 컨슈머의 주류인 MZ세대가 디지털 기술을 대하는 태도가 소비자 행동의 큰 틀을 변화시켰다. 그들은 자신에게 맞춘 초개인화된 마케팅 활동에 관심을 기울인다.

〈가트너 리포트〉는 2025년까지 B2B고객의 80%가 디지털 채널로 소통할 것이라고 했다. 〈하버드 비즈니스 리뷰〉의 B2B 구매자 대상 설문조사에서는 응답자의 43%가 비대면 구매 경험을 선호한다고 대답했다. 디지털 고객의 탄생, MZ세대의 구매 의사결정자로의 진출, 코로나19와 같은 환경의 변화가 영업직원에게 디지털 역량을 요구하고 있다.

이렇듯 디지털 역량은 영업직원에게 살아남기 위한 핵심역량이다. 이미 탁월한 영업전문가는 이 역량을 기반으로 영업 활동을 수행하고 있으며, 변화된 환경에 적응하고 있는 위대한 기업은 이를 전략적으로 실행하고 있다.

본능적으로 디지털 셀링을 하는 전문가들
_ 전자회사 시행사 영업팀장

Q "시행사 영업이라고 하면 시행사 혹은 건설사가 고객이 겠지요? 사실 건설사는 인류가 탄생한 이래로 있어온 오 래된 사업이라 전통적인 관계에 익숙해져 있을 것 같습 니다. 그래서 고객을 관리하기가 쉽지 않을 텐데요. 건설사나 시행사는 자금이 많이 들어가는 사업이고 주 택과 건물을 기획하고 지으려면 많은 구매가 필요하잖 아요. 다시 말해 갑의 문화에 익숙할 것으로 보이는데요. 최근에 화두가 되는 비대면 영업, 디지털 셀링, 소셜 셀 링에 접근하는 것이 매우 어려울 것 같습니다. 실제로 어 떤지 알고 싶습니다. 그리고 전자회사에서 시행사 영업 이 왜 필요한지도 궁금합니다."

A "말씀하신 대로 시행사와 건설사 고객은 친해지기도 어 렵고, 구매 금액도 큽니다. 더구나 IT제품과 가전 등은 주

요 구매 품목도 아니기 때문에 사업을 논의하는 것이 쉽지 않습니다. 먼저 전자회사에서 왜 시행사 영업을 하는지 말씀드리겠습니다. 제가 얼마 전에 아파트를 분양받아 입주했습니다. 그런데 입주하려고 보니 시스템에어컨과 빌트인 가전들이 경쟁사 제품인 거예요. 그래서 우리 회사 제품으로 바꿔달라고 했더니 안 된다는 겁니다. 처음 분양할 때부터 경쟁사 제품으로 정해져 있어서 지금 바꿀 수 없다는 겁니다.

이처럼 건물이나 주택을 시행사가 기획하는 첫 단계에 IT제품과 가전제품들이 다 정해집니다. 그래서 전자회사는 초기 단계에 시행사에 영업해서 저희 제품이 들어가게 하는 것이지요. 아파트 같으면 모델하우스를 만들 때부터 전자제품이 정해져야 몇 년 후 입주할 때 저희 제품이 들어가는 것이지요. 이것이 전자회사가 시행사 영업이 필요한 이유입니다.

그런데 시행사 고객이 구매하는 물품에서 가전제품의 비중이 작습니다. 그래서 고객관계를 처음 뚫기도 어렵고 유지하는 것은 더 어렵습니다. 한 20년 정도 됐는데, 저는 고객에게 매주 가벼운 내용의 이메일을 보내고 있습니다. 한때 유행했던 이메일 마케팅이지요. IT, 시사, 인문학을 다루는 텍스트 자료들을 모아 제 의견을 덧붙이 내용입니다. 매년 처음 만나는 고객과 협력업체를 추가로 등록하고, 연초에 한 번씩 그분들에게 메일을 계속 받을 것인지 묻습니다. 매년 400~500분 정도 추가되고 연초에 한 100분 정도는 이메일을 받지 않겠다고 연락이 옵니다. 이 방법이 참 좋은 것이 이메일을 받는 분께 전화나 오프라인으로 한 번씩 연락을 드리면 매우 반가워하시고 미팅을 잡는 것도 흔쾌히 승낙하십니다. 가끔 이메일이 반송되기도 하는데, 대부분 이직한 경우라 연락해서 커피 한잔하자고 하면 좋아하세요."

Q "이메일과 같이 일상에서 익숙한 디지털 툴을 이용해 고객을 관리하고 있군요. 그렇다면 고객관계를 새로 만들고 유지하기 위해 이메일 외에 다른 디지털 툴을 이용하고 있는지요?"

A "시행사, 건설사, 분양대행사 분들을 직접 만나야 크고 작은 공사 프로젝트에 대한 영업기회를 얻을 수 있는데 이런 잠재고객을 찾아내는 것이 보통 일이 아닙니다. 우리 분야는 '콜드 콜(Cold Call, 임의적 고객방문으로, 영업직원의 사전 접촉 없는 방문 혹은 전화)'을 통해서 고객을 발굴할 수도 없어서 소셜미디어를 이용합니다. 카카오 오픈채팅에

서 시행이나 분양 관련 방을 찾아 가입하기도 합니다. 잘 모르는 시행사나 건설사의 고객을 찾을 때는 '페이스북'이나 '링크트인'의 검색을 통해 찾기도 하고요.

최근에는 '리멤버'라는 명함 앱의 커뮤니티를 이용하기도 합니다. 그리고 카카오톡이 연락처 목록에 있는 사람들의 생일을 알려주기 때문에 생일인 고객에게 커피 선물을 하거나, 조금 중요한 고객에게는 케이크 선물을 해요. 고객들이 매우 감동받습니다. 돈도 얼마 안 들이고 잠재고객을 발굴하고 고객관계를 유지하는 것이지요. 이런 간단한 디지털 툴을 이용한 영업은 코로나 훨씬 이전부터 하고 있었고요. 코로나 때문에 더 많이 하거나 그런 것도 없습니다. 생각해보니 오래전부터 디지털 셀링을 하고 있었던 기네요!."

영업전문가들은 비대면 영업을 하고 있다는 것을 알지 못한 채, 비대면 영업을 하고 있었다. 카카오톡, 카카오 오픈채팅, 페이스북, 링크트인, 카카오톡 선물하기, 리멤버 등 디지털 툴을 이용해서 고객을 발굴하고, 관계를 유지하고, 세일즈 메시지를 전달하여 고객에게 가치를 제공한 것이다. 그렇다. 탁월한 영업전문가들은 코로나19 이전부터 이미 디지털 역량을 발휘하고 있었다.

HUMAN TOUCH
+
DIGITAL
=
HYBRID SALES

소비자가 변하면 마케팅 전략도 수정해야 한다. 고객이 진화하면 영업 전략을 수정하고 영업역량도 이에 맞추어 진화해야 한다. 소비자는 이미 디지털로 소통하고 있으며, MZ세대는 기업고객의 주요 의사결정자가 되어가고 있다. 코로나 대유행은 기업고객들을 디지털 세계로 성큼 들어서게 했다. 또한 그들이 코로나 이후에 대면 소통으로 돌아갈 확률은 극히 낮다고 보고되고 있다. 디지털 기반의 비대면 영업역량이 필수인 세상이 도래한 것이다. 탁월한 영업전문가는 비대면 영업을 시도하고 있고, 더 고차원의 디지털 영업역량을 개발하고 있다. 여기서는 비대면 영업역량인 디지털 셀링, 소셜 셀링을 넘어서 메타버스 셀링에 관해 생각해보도록 하자.

PART 3

기술의 진화가
영업을
돕는다

_비대면 영업 역량(Non-Face-to-Face Selling)

6

매출을 만드는 사람은
어떻게 일하는가?

만드는 것은 중요하다. 그러나 파는 것도 중요하다. 고성장 시대는 지나갔고, 이제는 평범한 성장의 시대에 들어섰다. 만드는 것만 잘한다고 시장에서 성공할 수 없는 시대에 이제는 모든 역량이 탁월해야 한다. R&D와 생산, 사업을 지원하는 재무와 인사만 가지고는 안 된다. 영업이 더욱 중요한 시대가 되었다.

그런데 고객을 만날 수가 없다! 코로나19로 사회적 거리두기가 일상이 되고 반드시 만나야 하는 고객조차 만날 수 없게 되었다. 예전에도 고객을 만나기는 어려웠다. 영업직원이 가장 힘들어하는 것 중 하나가 '콜드 콜'이다. 고객과 신뢰를 쌓기 전 단계에서는 고객이 만나주지 않기 때문에 콜드 콜에 대한 다양한 방법을 책과 선배들로부터 배웠다. 그만큼 고객을 만나는 것은 늘 어려웠다. 그런데 코로나 대유행의 시대에는 자주 만나던 고객도 만날 수가 없게 되었다.

영업역량의 기초는 고객접점시간(Sales Face Time)이다. 내가 겪었던 현장에서의 영업과 그 이후에 영업에 대한 연구에서도 공통적으로 나오는 개념이다. 일단 고객과 시간을 보내야 한다. 어느 영업직원의 이야기이다.

"코로나 때문에 고객과 대면 미팅이 많이 줄었어요. 코로나가 끝난다고 다시 대면 미팅으로 돌아갈 것 같지는 않아요. 고객들이 비대면 소통이 효율적이라는 것을 알았고, 이전보다 고객들이 젊어져서 디지털 기술을 기반으로 한 비대면 소통에 익숙하고 어떤 고객은 선호하기까지 합니다."

전화기 발명되고 대중적으로 보급되면서 기업이 텔레마케팅과 텔레커버리지를 통해 비대면 영업에 첫발을 내디딜 수 있었다. 인터넷과 소셜미디어가 발명되면서 비대면 영업은 대면 영업에 준하는 영업 접근 방법으로 자리매김했다. 영업직원은 다양한 디지털 툴 덕분에 고객과 시장에 관한 정확한 정보를 제공받을 수 있다. 콜드 콜만이 아니라 과학적인 방법으로 영업기회를 얻게 된 것이다. 디지털 기술이 영업 생산성의 향상과 영업직원의 성장에 공헌한 것이다. 디지털 기술을 모르면 영업직원이 성과를 내는 데 한계가 생기고 저생산성이 문제에 직면한다.

기술의 변화가 만들어낸 비대면 영업의 진화

2022년 5월에 네이버가 주5일 출근제 대신에 새로운 근무환경인 '커넥트 워크'를 도입했다. 회사가 직원의 근무 형태를 정하는 것이 아니라 직원들이 자유롭게 선택하는 새로운 인사제도이다. 3일은 사무실로 출근하고 2일은 원격으로 근무하는 형태와 주5일 재택근무를 하는 형태 중에서 직원이 선택할 수 있다. 코로나19가 끝나가는 시점에서 비대면으로 업무를 수행하는 것을 회사가 제도화한 것이다.

카카오도 전면 상시 재택근무제를 시행하고 있다. 네이버, 카카오가 시작했으니 인재를 놓치지 않기 위한 다른 기업들도 고민을 시작할 것이다. 내로라하는 기업들은 비대면을 통한 재택근무제도를 발표할 것이다. 비대면 업무를 위한 인프라를 구축하는 데 투자하기가 어려운 중견기업과 중소기업, 소상공인의 고민은 더욱 깊어질 것이다.

재택근무, 원격 근무, 모바일 근무 등 회사에 출근하지 않고 비대면으로 업무를 수행하는 형태가 어느 정도 자리를 잡았다. 코로나19로 회사와 직원이 경험했고, 모두가 장단점을 알게 되었다. 단점은 보완해나갈 테니 비대면 업무는 표준이 된 것이나 다름없다.

네이버가 재택근무를 제도화할 수 있는 것은 기술의 발전 덕분이다. 더구나 네이버는 기업의 핵심가치가 기술이다. 사실 중소기업은 재택근무를 일상화하지 못하는 경우가 허다하다. 기술에 투자하려면 비용이 많이 들기 때문에 회사가 이를 도입하기가 어렵다고 한다. 재택근무와 마찬가지로 고객과의 비대면 영업은 새로운 기술이 도입되고 적용되어야 가능하다.

비대면 영업은 대면 영업(Face-to-Face Selling)에 대응하는 개념이다. 대면이 아닌 방법으로 사람과 테크놀로지를 이용하여 고객과 관계를 맺고 고객에게 가치를 제공하는 영업 형태를 총괄하는 개념이다. 비대면 영업의 다른 표현들인 소셜 셀링, 디지털 셀링, 가상 영업, 원격 영업, 인사이드 세일즈 모두 최신 기술이 없으면 불가능하다(p.32 하이브리드 세일즈 구성 참조).

비대면 영업은 기술과 불가분의 관계이다. 비대면 영업의 소통은 화상회의, 전화, 라이브 채팅, 카카오톡과 같은 소셜미디어 메시지나 전화 메시지 등의 실시간 채널, 이메일과 팩스, 보이스 메일 등의 비동기적인 채널로 구분할 수 있다.

최소의 자원으로 최대의 고객을 커버하라

재택근무가 직원들에게만 이익이라면 많은 기업이 표준으로 삼지 않았다. 기업에도 이익과 혜택이 있기에 재택근무가 확산되는 것이다. 코로나19가 세상을 바꾸기 훨씬 이전인 1990년대 중반에 외국계 기업을 시작으로 '모바일 오피스'라는 인사제도가 도입되었다. 지금의 재택근무와 비슷한 개념인데, 영업직원과 프로젝트 수행직원

등이 대상이었다.

고객을 상대하는 업무는 굳이 사무실에 고정 좌석이 필요 없고, 고객과 시간을 많이 보내려면 사무실 출퇴근도 의미가 없다고 판단하여 업무를 어디서든 볼 수 있게 하는 제도였다. 정확한 의미에서 재택근무는 아니었지만 영업직원은 고객의 사무실, 자택, 카페 등 어떤 공간에서든 고객과 소통하고 회사 시스템과 연결하여 업무를 볼 수 있었다.

기업은 고객과 대면 업무가 주요한 영업직원과 프로젝트 수행직원, AS 서비스 직원들의 자리를 없앴다. 직원들이 사무실에 출근하면 공유된 좌석에 자신의 전화번호를 세팅하고 업무를 보는 가히 혁신적인 근무 형태를 시도했다. 회사는 IT시스템에 투자해 직원들에게 노트북과 휴대전화를 나눠주었고, 직원들이 어디서든 업무를 볼 수 있게 했다.

직원들이 출퇴근 시간을 줄이고 외부에서 업무하다 보니 업무 문화가 좀 더 자유로워졌다. 기업은 직원들이 고객과 시간을 보낼 수 있도록 하여 매출에 도움이 되게 했고, 고정 좌석을 줄이니 오피스 임대료를 줄일 수 있었다. 아울러 다른 기업에 비해 자유로운 분위기가 형성되어 기업의 브랜드 가치도 올릴 수 있었다. 초기에 투자비가 들어갔지만, 매출이 상승하고 비용이 줄었으며, 브랜드 이미지가 제고하는 등 다양한 효과가 있었다.

비대면 영업은 좋은 점이 많다. 이메일, 화상회의, 대면 회의 등으로 고객과의 접점이 다양해진다. 영업직원은 비대면 소통을 통해 많은 고객과 미팅할 수 있고, 출장 가야 만날 수 있는 고객과 비대면 소통을 통해 자주 연락할 수 있다. 기업 규모에 따라 중소형 고객은 비대면 소통을 통해서 효율적으로 관리하고, 대형 고객은 비대면 소통과 대면 소통을 적절히 조합해 고객 커버리지를 만들고 유지할 수 있다.

비대면 영업은 과거에 기업에게 선택의 영역이었다면 지금은 고객과 영업직원 모두에게 필요한 필수의 영역이 되었다. 기업은 비대면 소통을 통해 최소의 자원으로 최대의 고객을 커버하는 것이 가능해졌다.

세일즈테크를 이용해 영업 사이클을 단축시켜라

'핀테크(FinTech)', '리테일테크(RetailTech)', '메드테크(MedTech)', '에듀테크(EduTech)'라는 용어들을 들어보았는가? 먼저 디지털 트랜스포메이션 시대에 금융과 디지털 기술이 만나 핀테크를 만들었고 카카오뱅크와 토스뱅크, 핀다가 태어났다. 다음으로 유통과 디지털 기술이 만나 리테일테크를 만들었다. 아마존, 쿠팡, 마켓컬리, SSG닷컴, 영국의 온라인마트 오카도(Ocado) 등 유통에서 리테일테크를 빼고 논할 수 없다. 리테일테크에 대응하지 못한 미국의 백화점들은 줄줄이 파산하고 있다. 의료서비스와 기술이 만나 메드테크가 출현했고, 교육과 기술이 만나 에듀테크가 탄생했다.

'세일즈테크(SalesTech)'는 영업과 디지털 기술의 만남이다. 비대면 소통의 시대에 비대면 영업이 가능해진 것은 세일즈테크의 출현과 발전에 기인한다. 디지털 기술은 영업역량, 영업조직관리와 결합해 진화하고, 영업 프로세스를 단순화하고 영업의 생산성을 높인다.

또한 영업 사이클을 단축시키고 허드렛일을 줄여주어 영업직원이 더 빠르게 계약하고 매출 목표를 달성하게 한다. 세일즈테크를 이용하면 고객 접점을 확대 지원하여 더 많은 매출을 올릴 수 있다. 정확한 수요 예측이 가능하고 가망 고객의 발굴을 도와 영업 생산성을 높이는 계기를 제공한다. 고객의 니즈를 분석하여 적합한 오퍼링을 제공하고 고객이 다양한 구매 경험을 할 수 있도록 한다.

세일즈테크가 비대면 영업을 가능하게 하여 고객을 만족시키고 영업직원과 기업의 성공을 약속한다. 이제 디지털 셀링과 소셜 셀링이 세일즈테크와 만나 영업이 디지털 트랜스포메이션을 시작했다. 머잖아 테크놀로지의 발전은 메타버스를 이용한 영업인 '메타버스 셀링'도 열 것이다.

7

비대면 영업 시대의
화상회의 전략

"사회적 거리두기 때문에 처음 접촉하는 고객과 줌(Zoom, 화상회의 플랫폼)으로 회의했어요. 보통은 고객을 만나서 저녁을 먹고, 다음 약속을 잡으며 지속적으로 영업 단계를 높이는데요. 이렇게 해서 계약도 하고 다음 영업기회도 찾고요. 그런데 온라인으로 고객과 회의했더니 이건 너무 달라요. 고객과 눈 맞춤 하기도 힘들고 고객도 어색해하고 저도 어쩔 줄 모르겠어요. 준비를 철저히 해야 할 듯한데 어떻게 준비해야 할지 고민됩니다."

비대면 영업을 처음 시도하는 영업직원들이 토로하는 이야기이다. 사실 영업을 비대면으로 한다는 것은 최근까지 영업직원도, 고객도 생각해본 적이 없고 그럴 의지도 없었던 것이 사실이다. 보험, 대출, 부동산 투자를 목적으로 한 텔레마케터로부터 전화를 받은 것이 아마 비대면 영업 경험의 전부였을 것이다. 그런데 세상이 바뀌었다. 멀리 있는 친구들과 각자의 집에서 좋아하는 술을 한 잔씩 들고 줌으로 만나는 세상이니 고객과 화상으로 회의하는 것은 일상이 되었다. 막을 수 없는 대세이자 흐름이라면 익숙해지고 잘 활용해야 한다. 여기서 대면 소통과 비교하여 고객과의 비대면 소통이 어려운 점을 몇 가지 들어보겠다.

보디랭귀지를 해석하기 어렵다

첫째, 대면 소통을 할 때 보통 준비된 메시지를 상대방의 상황에 따라 유연하게 변경하여 대응한다. 예를 들어 제품을 설명하는 프레젠테이션에서 고객의 미간이 찌푸려졌다고 하자. '아, 고객이 설명이 길어 짜증이 났구나.'라고 생각하고 설명 시간을 줄일 수 있다. 고객이 손사래를 치면 '아, 고객이 이 제안을 싫어하는 것 같으니 제안을 바꿔볼까?'라고 생각한다. 이처럼 고객의 표현이나 보디랭귀지, 비언어적인 반응 단서를 통해 메시지를 변경하거나 전략을 바꾸기도 한다.

그런데 비대면 소통은 고객의 반응이나 표현 등의 단서를 찾아내기가 어렵다. 작은 화면 안에서 상대의 어깨와 머리만 볼 수 있는 화상회의 특성상 고객의 모습과 행동의 변화를 알아차리기가 거의 불가능하기 때문이다.

둘째, 비대면 소통을 할 때 고객의 관심은 대면 소통보다 상당히 떨어진다. 고객과 대면 회의를 할 때도 고객의 관심을 끄는 것은 쉽지 않다. 고객의 관심을 끌어야 제품과 서비스에 대한 오퍼링을 제대로 설명할 수 있고, 고객의 관심을 다음 단계로 이끌 수 있다. 그런데 고객이 주의를 덜 기울인다.

교육 현장에서도 강의실에서 교육하는 것과 비대면으로 화상강의하는 것은 학생들의 주의도에서 현격한 차이가 있다. 비대면 강의에서 학생은 언제든 자리를 떠날 수 있고 강의하는 사람이 모르게 다른 일을 할 수도 있다. 고객의 곁에 있는 아이나 반려동물과 경쟁하여 주의를 끌기 위한 방법을 모색해야 한다.

셋째, 비대면 회의에서는 의사결정자가 빠지는 경우가 많다. 대체로 하위 직원에게 참석하게 하고 자신은 추후에 회의에 대한 결과를 직원에게 보고받는다. 구매 의사결정자가 참여하지 않는 비대면 회의의 효율성은 많이 떨어진다. 의미 있는 결과를 얻으려면 의사결정자가 참여하는 것이 좋다. 영업직원의 입장에서 결론을 얻어내고 주요 의사결정자와 신뢰관계를 쌓을 수 있으므로 가능하면 구매 의사결정자가 참여하도록 준비하는 것이 최선이다.

넷째, 의사결정자가 참여하더라도 다수가 참여하는 비대면 회의에서 고객은 부정적 의견이나 관점을 잘 피력하려 하지 않는다. "당신 회사의 솔루션은 이래서 안 되고 저것은 문제가 있어요!"라고 온라인상에서 말할 필요가 없다고 생각한다. 마음에 들지 않으면 다음 온라인 회의를 잡지 않는 것으로 대신한다. 부정적 의견을 공유하지 않으니 이 회의에서 합의하거나 다음 단계의 회의를 논하기가 어렵다.

성공적인 화상회의를 위해 준비해야 할 것

비대면 소통에서 영업 메시지를 효과적으로 전달하기 위해서 회의 전 준비는 무엇보다 중요하다. 한 번의 비대면 회의를 잘못 운영하여 기회를 날려버릴 경우, 다시 그 기회를 잡기가 매우 힘들기 때문이다. 비대면 회의에서 목표를 달성할 전략을 철저하게 준비하고 회의에 들어가야 한다.

첫째, 회의 계획을 짠다. 회의의 목적을 정하고 어떤 내용을 다룰 것인지에 대해 생각해본다. 회의를 어떤 단계로 진척할 것인지를 정한다. 일반적으로 고객과의 대면 회의도 목적과 안건, 예상 결론에 관해 고민하고 고객을 만난다. 대면 회의는 이 계획이 잘 이루어지지 않더라도 다음날 다시 가서 조정하면 된다. 그러나 고객과의 비대면 소통은 회의 계획이 틀어지면 다음 회의를 잡기가 훨씬 어렵다. 철저한 회의 계획이 필요한 이유이다.

둘째, 회의 주기를 고민하고 회의에 참석해야 한다. 한 번의 비대면 회의로 영업 목표를 달성하기 힘들다. 대면 회의와 비교하여 주의를 기울이지 않는 고객, 참여가 쉽지 않은 고객, 관점을 피력하지 않는 고객과 한 번의 회의로 계약을 끌어내는 것은 거의 불가능하다. 첫 번째 회의에서 정기적 만남을 제안하고 고객의 수락을 받아내야 한다. 따라서 주별이나 격주, 매월 한 번씩 정기적 만남을 할 것인지 고객의 상황과 영업 전략을 기반으로 가능성 있는 횟수를 생각하고 회의에 임해야 한다.

셋째, 궁극적인 영업 목표를 달성하기 위해 고객의 니즈를 만족시킬 수 있는 적합한 전문가를 찾아야 한다. 고객을 만족시킬 수 있는 전문가는 한정되어 있을 것이다. 고객의 니즈, 특히 이 회의에서의 니즈를 해결할 최상의 전문가를 내부에서 찾고 그들의 시간을 확보해두어야 한다. 실제로 현장에 필요한 전문가를 찾았다고 해도 그들의 스케줄을 조정하고 회의에 참석시키는 것이 매우 어렵다.

넷째, 회의 참여자의 역할을 정확히 나눈다. 제한된 시간 내에 고객의 주의를 집중시키기 위해서는 영업직원의 역할을 정확히 정의하는 것이 필요하다. 팀워크가 맞지 않아 직원들 간 의견이 중육되지 않는 모습이 보이면 고객은 바로 관심을 끌 수 있고 영업직원의 회의는 실패할 확률이 크다.

다섯째, 사전 연습이 반드시 필요하다. 계획을 잘 세우고 최고의 내부 전문가를 참여하게 하더라도 회의에서 서로 다른 의견을 낸다면 고객은 언제든지 관심을 돌려버릴 수 있다. 참여 직원들과 반드시 사전 회의를 하고, 여기에서 회의의 목적과 서로의 역할을 연습하고 아울러 고객의 예상 반론과 반론을 극복할 논리도 공유해야 한다. 비대면 영업을 할 때 비대면 회의의 효과적인 수행은 무척 중요하다. 고객은 비대면 소통에서 언제든 마음을 돌릴 수 있기 때문이다.

여섯째, 내부 준비는 끝났으니 고객과 확인 사항을 체크한다. 고객의 회의 담당자와 소통하여 회의 목적과 안건을 설명한다. 고객 측 참석자를 확인하고 추가 안건이 있는지 체크한다. 주요 의사결정자가 참석하는지 확인하고 참석하지 않는다면 다시 참여를 유도한다.

일곱째, 참석할 고객 중에 영업지원을 도와줄 스폰서를 찾는다. 보통 기업고객 내에서 구매자와 사용자가 다르고 부서마다 구매에 대한 의견이 다르다. 영업직원과 신뢰가 쌓인 고객 혹은 이 제품이나 서비스가 들어와야 업무에 도움이 되는 고객이 있다. 이들 스폰서를 찾아 그들이 회의 중에 적극적으로 지원하고, 의사결정자 혹은 다른 고객 측 참석자에게 긍정적으로 검토하도록 협력한다. 구매 의사결정자는 일반적으로 영업직원이 자신에게 유리한 방향으로만 주장한다고 생각한다. 신뢰가 쌓이지 않는 상태에서, 더구나 화상회의에서는 영업직원의 수장보다 고객 측 의견이 더욱 신뢰받기 때문에 스폰서가 있으면 큰 도움이 된다.

마지막으로 영업직원은 비대면 회의에 관한 마지막 준비사항을 체크한다. 회의 중에 전달할 논지, 예상 반론과 반론 극복 논리를 다시 정리하고, 고객 측 주요 참석자의 정보를 수집하고 공유한다. 비대면 회의의 형식에 맞게 제공할 콘텐츠의 우선순위를 정하고, 미리 정해둔 회의 시간 안에 모든 내용을 전달할 수 있도록 컴팩트하고 짜임새 있게 준비해둔다. 아울러 비대면 소통에 필요한 디지털 툴과 회의 준비사항을 체그헤시 영업 측 참석자가 효과적으로 회의에 참여할 수 있도록 다방면에서 지원한다.

비대면 회의가 시작된 이후에는 고객 측 회의 주관자와 스폰서는 주요 의사결정자가 회의에 참여하도록 유도하고, 계획된 회의 목표가 달성될 수 있도록 진행한다. 회의가 끝난 이후에는 가능하다면 영업 측 관리자가 고객 측 주요 의사결정자에게 간단한 비대면 회의를 요청하여 회의의 결과에 관해 5분 정도 정리한다.

이후 스폰서와 따로 소통하여 회의 결과를 평가하고 다음 단계를 논의한다. 화상회의에서는 논의 내용과 결과를 정리하여 이메일로 소통하고 다음 단계로의 진척에 관해 명확한 동의를 얻어내는 것이 매우 중요하다.

비대면 영업을 위해 영업직원은 예상 목표와 회의 시나리오를 가설로 설정하고, 가설이 현실이 되도록 앞서 언급한 여덟 단계의 회의 전 준비사항을 실행한다. 회의 이후에 다음 단계로 진척하려면 이메일로 정확하게 소통하는 과정이 반드시 필요하다. 이를 통해 영업 단계는 앞으로 나아가고 고객은 영업직원의 행동을 신뢰하기 시작한다.

8

디지털 셀링과
소셜 셀링

2000년대 이후 글로벌기업, 특히 미국에 본사를 둔 기업들은 디지털 영업 조직을 영업의 한 축으로 두고 운영해왔다. 디지털 영업 조직은 국토 면적이 커서 원거리에 있는 고객을 효율적으로 관리하기 위해 미국 같은 나라에서 시작되었다. 뉴욕에 본사를 둔 기업이 LA나 마이애미에 있는 고객을 관리하려면 지사를 설립하거나 출장비를 지원하는 등의 투자가 필요하다. 그러다 보니 평소에는 전화로 고객을 관리하고, 계약할 때나 큰 문제가 발생할 때만 고객과 미팅하는 것이 효율적인 영업 방식이었다.

한 외국계 IT기업의 디지털 영업본부 직원과 최근 디지털 영업의 진화에 대해 이야기를 나누었다. 2000년 초반부터 디지털 영업을 계속해왔던 영업직원의 말을 들어보자.

"처음 디지털 세일즈팀이 만들어질 때만 해도 전화와 업무 소프트웨어를 사용해서 인바운드 콜(inbound call)로 들어오는 고객의 요청과 불만사항을 처리했어요. 그러다 고객에게 전화를 걸어 회사 이벤트에 초청하는 아웃바운드 콜(outbound call), 그 이후에는 제품과 서비스를 판매하는 아웃바운드 콜까지 진행했습니다. 지금은 일반적인 대면 영업과 같은 고객 콜을 전화와 소셜미디어를 이용해서 진행하고 고객들을 관리합니다.

제가 담당하는 기업고객이 200개가 넘는데, 그중 구매 의향이 없는 고객을 제외하고 50~100개의 기업고객과는 정기적으로 전화와 링크트인, 페이스북 등과 같은 소셜미디어를 통해 소통합니다. 그분들은 디지털로 영업직원과 소통하고 저희 회사 제품과 서비스를 이해하고 원하는 정보를 찾습니다. 심지어 비대면으로 계약하기를 원하는 고객도 있습니다. 디지털 영업에 대한 고객의 변화가 조직에도 영향을 끼쳤습니다. 이제는 조직이 커져서 디지털 세일즈팀이 본부가 되었습니다."

구매 이력이 없거나 구매 규모가 작은 고객을 전화로 관리하던 조직이 디지털 기술의 발전으로 디지털 세일즈팀으로 확대되었고, 이제는 본부로 규모가 커졌다.

오프라인을 온라인으로 전환하는 것부터

의료기기 영업을 하는 한 영업부장의 이야기이다.

"제 고객은 의사입니다. 고가의 의료기기는 주로 병원이 구매하고 결정은 그 병원의 의사들이 하지요. 그래서 세미나를 열어서 그분들에게 기기 사용법을 알려주고, 먼저 사용한 의사가 직접 시연하는 것도 필요합니다. 오프라인 세미나를 여는 것이 영업의 중요한 방법인 것이지요. 그런데 코로나로 인해 학회도 갈 수 없고, 오프라인 세미나도 열 수 없지 뭡니까? 그래서 줌이나 웹엑스 같은 온라인 화상회의 툴을 이용해서 소규모 세미나를 열었어요.

이제는 의사들이 줌에 익숙해져서 온라인으로 만나는 것이 좋다고 합니다. 해외에 있는 의사가 온라인으로 제품을 시연하고, 한국인 의사가 이를 배우고 궁금한 점을 질문합니다. 또 이 온라인 세미나를 통해 해외 의사와 한국 의사가 친분도 쌓습니다. 세미나 후에 이메일로 소통하고 의견도 교환하고요. 줌으로 전문 스킬도 나누고 네트워크도 만듭니다. 회사도 이제는 온라인 세미나를 더 소규모로, 더 자주 하라고 종용합니다."

이 영업부장은 온라인 화상회의 툴을 이용해 디지털 셀링을 하고 있다. 이처럼 영업전문가들은 영업의 다양한 분야에서 변화된 시장에 적응하기 위해 자신도 모르는 사이에 디지털 셀링을 수행하고 있다.

기업은 디지털 셀링을 통해 잠재고객을 발굴하고, 기존 고객과의 관계를 발전시키고, 시장에 있는 영업기회를 더 많이 찾아내고, 다양한 채널을 통해 디지털로 소통하고, 개인 맞춤형 영업 메시지를 개발, 전달하여 수요를 창출하고 매출을 높인다.

디지털 셀링의 6단계 영업 프로세스

전통적인 대면 영업은 콜드 콜을 진행해서 고객을 구매의 프로세스로 진입시켰다. 반면에 디지털 영업은 디지털 채널을 통해 고객과 관계를 맺고 이들의 데이터를 기반으로 잠재고객을 추려낸다. 이후 잠재고객을 타깃으로 디지털 채널을 이용하여 이들을 구매 프로세스로 들어오게 한다. 디지털 셀링을 이용한 영업직원의 영업 프로세스를 살펴보자.

첫째, 영업직원은 디지털 채널과 기술을 이용하여 산업 동향을 분석하고 이에 맞추어 고객에게 직접 영향을 미치는 요소들을 알아낸다.

둘째, 고객이 참여하는 소셜미디어를 통해 고객의 주요 의사결정자를 찾아낸다. 아울러 회사의 CRM(고객관계관리) 툴을 사용하여 고객의 소통 이력을 분석하고, 가용한 데이터를 기반으로 주요 의사결정자를 찾는다. 또한 영업직원이 소통한 이력이나 데이터를 CRM 툴에 입력한다.

셋째, 주요 구매 의사결정자와 소셜미디어 채널을 통해 일반적인 소셜 콘텐츠를 주기적으로 전달하며 디지털 네트워크에서 관계를 구축하고 유지한다.

넷째, 주요 의사결정자의 니즈와 요구에 맞는 개인 맞춤형 영업 메시지를 개발하여 소셜미디어, 이메일 등의 디지털 채널을 통해 전달한다.

다섯째, 이 영업 메시지는 고객의 성과지표(KPI)에 합당해야 하며, 이를 통해 고객과 소통해서 계약과 매출을 창출한다.

여섯째, 판매 후에도 지속적으로 주요 고객의 소셜미디어와 디지털 채널을 관리한다. 즉, 소셜 콘텐츠를 정기적으로 제공하고 이를 CRM 툴에 입력하여 이력을 남긴다. 판매 후 디지털 셀링 툴과 프로세스를 통해 고객과의 관계를 유지하고 더 많은 영업기회를 창출한다.

디지털 셀링은 디지털 기술을 이용하여 시장 분석부터 판매 후 프로세스 관리까지 고객을 관리하고 고객에게 가치를 제공하는 영업의 처음과 끝을 가능하게 한다. 고객과 관계를 유지하고 효율적으로 관리할 수 있는 기술과 프로세스의 합이다.

동료와 소셜 셀링을 함께 하면 성과는 배가된다

디지털 영업을 수행하는 기업들은 한동안 소셜 셀링이라는 용어를 사용하다가 언제부터인가 디지털 셀링으로 바꿔 불렀다. 또 부서 이름은 디지털 세일즈인데 그들이 하는 영업을 소셜 셀링이라고 부르는 기업도 있다.

정의하자면 디지털 셀링은 소셜미디어를 포함한 디지털 툴과 프로세스를 이용하여 고객가치를 제공하고 고객관계를 만들어가는 영업 행위이고, 소셜 셀링은 소셜미디어를 이용하여 고객가치를 제공하고 고객관계를 만들어가는 영업 행위이다. 소셜미디어와 인터넷, 유튜브 등 모든 디지털 자원과 프로세스를 사용하면 디지털 셀링이고 소셜미디어만을 사용하면 소셜 셀링이다. 디지털 셀링이 소셜 셀링의 부모인 셈이다.

미국의 소셜 셀링 컨설팅기업 세일즈포라이프(Sales for Life)의 CEO인 제이미 섕크스는 "소셜 셀링과 디지털 셀링의 목표는 같다." 고 했다. 그는 "소셜미디어를 포함한 다양한 디지털 툴과 프로세스를 이용해서 고객을 교육하고 고객에게 영향을 미쳐 궁극적으로 계약 및 매출을 이끌어내는 것이 소셜 셀링이고 디지털 셀링이다."라고 정의했다.

플리머스주립대학교의 밥 나도 교수는 "소셜 셀링은 자신의 브랜드를 만들어 가치 제안을 하고, 네트워크를 만들고, 비즈니스 관계를 구축 및 유지하고, 필요한 정보와 연구를 수집, 선별, 공유하는 효과적인 방법이다."라고 말했다.

소셜 셀링은 소셜미디어와 콘텐츠를 이용해 고객을 구매 프로세스로 진입시키고, 소셜미디어에서 브랜드를 구축하고, 잠재고객, 기존 고객과 의미 있는 관계를 형성하여 고객을 만족시키는 영업이다. 소셜미디어는 영업직원의 노력을 구매로 연결하는 데 중요한 역할을 수행한다. 제이미 섕크스는 소셜 셀링의 중요한 역할을 세 가지로 정의했다.

첫째, 영업직인은 소셜미디어를 통해 고객의 구매 결정에 도움이 되는 인사이트를 조기에 제공할 수 있다. 고객의 74%는 구매를 고민할 때 처음 적절한 정보를 준 영업직원을 선택한다고 한다. 고민의 초기 단계에 고객과 연결되는 것이 중요하다. 소셜미디어를 기반으로 구매자의 고민을 발견하고 적절한 정보와 인사이트를 제공한다면 그 잠재고객은 여러분의 지속적인 고객이 될 확률이 높다.

둘째, 소셜미디어는 고객의 구매를 유발하는 트리거 역할을 수행할 수 있다. 페이스북, 인스타그램을 통해 오랫동안 만나지 못한 친구의 근황을 알 수 있듯이, 고객의 소셜미디어 행동을 지속적으로 관리하다 보면 고객의 주변 상황을 파악할 수 있다. 이러한 지속적인 행동은 고객의 니즈를 찾아내고 영업기회를 창출할 수 있으며, 계약을 끌어낼 수도 있다.

셋째, 소셜미디어는 고객이 추천을 통해 구매하게 한다. 사람은 사람을 통해 구매한다. 자신과 관계가 있는 사람이나 인플루언서의 추천을 받아 구매하는 경향이 많다. 우리는 온라인 쇼핑몰 혹은 블로그에서 모르는 사람의 댓글이나 후기를 보고 구매를 결정하기도 한다. 소셜미디어를 통해 디지털 상에서 관계를 맺고 이들의 추천을 통해 계약을 성사시킬 수 있다.

소셜 셀링은 모든 고객을 일대일로 대응할 수 없는 현실에서 시작되었다. 소셜미디어를 사용하여 구매 규모가 작은 고객을 관리할 수 있고, 구매 가능성이 있으나 잘 확인되지 않는 고객, 즉 잠재고객을 찾아내고 이들과 지속적인 관계를 유지하기 위해 필요한 문명의 이기(利器)이다. 대규모 구매 고객은 대면 영업을 통해 관리하고 작은 규모의 고객 혹은 멀리 있는 고객들은 소셜미디어를 통해 관계를 확립하고 유지하는 목적으로 소셜 셀링이 시작되었다.

미국의 한 컨설팅기업의 조사에 의하면 B2B 고객의 90%가 소셜미디어 팔로워를 호의적으로 본다. 소셜미디어를 통해 네트워크를 형성하고 관계를 돈독하게 하는 것이 먼저이고, 이후 미팅을 시도하면 훨씬 쉽다. 이런 이유로 글로벌기업들은 일찍부터 소셜 셀링으로 관계의 품질을 높여야 하는 고객을 구분하고, 디지털 세일즈팀에서 관리하고 있었던 것이다.

지금은 대규모 구매를 하는 대면 영업 고객도 소셜 셀링을 통해 관계 구축을 강화하고 있다. 미국의 경우 고객의 75% 이상이 소셜미디어 연락처를 통해 영업직원을 접촉하고 있다. 소셜 셀링, 디지털 셀링을 배우고 실행하지 않는다면 고객과의 거리는 멀어지고, 경쟁사는 확고하게 자리 잡을 것이며, 영업전문가로서 당신의 커리어는 불안해질 것이다.

최근 소셜 셀링에 관한 연구도 꾸준히 이루어지고 있다. 다양한 연구 논문에서 영업직원이 소셜미디어를 통해 잠재고객을 발굴하고, 상황에 따라 영업 방식을 유연하게 변성하는 것이 영업 실적에 도움이 된다는 결과들을 내놓고 있다. 2021년 〈산업재 마케팅 관리(Industrial Marketing Management)〉 학술지에 게재된 한 논문은 영업직원이 소셜미디어를 사용하여 잠재고객을 발굴하고, 고객 니즈를 만족시키고, 문제를 해결하려고 노력하면 성과가 더 좋아진다는 것을 증명했다. 아울러 이 연구에서 주목할 점은 동료 영업직원이 함께 소셜미디어를 사용하면 성과가 더욱 좋아진다는 것이다. 학자들의 연구에서도 소셜 셀링은 다양한 방법으로 영업 성과에 영향을 미치고 있다는 것을 주목하고 있다. 소셜 셀링은 선택이 아닌 필수이다.

9

새로운 영업기회,
메타버스 셀링

메타버스는 1992년 미국의 SF작가 닐 스티븐슨의 소설《스노 크래시》에서 처음 등장한 용어이다. 가상, 초월 등을 뜻하는 영어 단어 '메타(Meta)'와 우주를 뜻하는 '유니버스(Universe)'의 합성어로, 현실세계와 같은 사회, 경제, 문화 활동이 이루어지는 3차원의 가상세계를 일컫는 새로운 개념이다. 메다비스에서는 아바타를 활용해 가상 공간에 존재하는 사람을 만나고, 게임을 하고, 가상 속에서 현실을 만들어가는 가상현실이다.

MZ세대는 게임 세상에서 아바타를 매개로 자신을 닮은 캐릭터를 만들어본 경험이 있어 메타버스가 그리 낯설지 않다. 게임 공간이 업무 공간, 쇼핑 공간, 레저 공간, 회의실 등 물리적 세상과 디지털 세상이 결합된 인터넷 상의 3D 공간으로 확장된 것이다.

맥킨지는 "메타버스는 우리가 보는 것이 아니라 우리를 몰입하게 하는 것으로 인터넷의 진화된 버전이다."라고 했고, 글로벌 컨설팅기업인 가트너(Gartner)는 "메타버스는 가상으로 강화된 물리적 현실과 디지털 현실이 모이는 집합적인 가상 공유 공간이다."라고 정의했다.

메타버스의 세상에서 리딩기업이 되겠다는 야심찬 목표를 세우고 회사명도 '페이스북'에서 '메타 플랫폼스'로 변경한 CEO 마크 저커버그는 "메타버스는 증강현실과 가상현실을 기반으로 몰입형 가상세계를 구현하게 될 것이고, 사용자는 이 새로운 디지털 공간에서 쌍방향으로 레크리에이션, 비즈니스 활동을 수행하고, 놀며, 일하고, 어울리고, 참여할 수 있다."고 말했다.

메타버스는 인간의 모든 상호작용으로 확장되고 있다. 비즈니스 미팅뿐만 아니라 회식, 소개팅까지 화상회의로 진행하는 세상에서 우리는 가상공간에서의 상호작용에 익숙해지기 시작했다. 메타버스는 소셜미디어 경험의 다음 단계로 우리에게 성큼 다가온 것이다. 마케팅과 영업에서 메타버스의 역할은 점차 중요해질 것으로 보인다. 소셜 셀링과 디지털 셀링을 넘어 메타버스 셀링이 예견된다.

메타버스로 신차를 발표하고 시승 행사를 연다!

메타버스 셀링이란 온라인 가상현실 세계에서 발생하는 영업이다. 메타버스 플랫폼 위에서 제품과 서비스를 사고 팔고, 고객을 창출하며, 영업직원을 교육하는 영업관리도 포함한다. 여러 연구에서 증강현실과 가상현실을 기반으로 한 3D 가상현실이 소비자 경험에 긍정적인 영향을 미치고 있고, 궁극적으로 구매 결정에 영향을 미친다는 것을 증명하고 있다. 그렇다면 메타버스는 영업에 어떤 도움을 줄 수 있을까?

첫째, 가상 이벤트와 가상 컨퍼런스를 수행한다. 제품 발표, 제품 로드쇼, 쇼룸, 네트워킹 이벤트를 고객의 기호에 맞게 준비하고 실행한다. 메타버스는 줌과 같은 화상회의보다 한 단계 더 높은 서비스를 제공한다. 메타버스 공간에서 의료기기 제품 발표를 하면 의사의 수술 방법에 대해 더 생생한 현실감을 느낄 수 있다.

둘째, 잠재고객 발굴에 더 유용하게 사용된다. 제품 발표, 로드쇼, 쇼룸, 네트워킹 이벤트가 메타버스에서 이루어지면 영업직원은 잠재고객과 더 활발하게 소통할 수 있다. 온라인을 통한 이벤트와 컨퍼런스는 이제 일상이 되었다. 의료기기 산업을 포함한 여러 산업에서 이미 소규모 네트워킹 이벤트가 더 빈번하게 진행되고 있다. 온라인 이벤트가 메타버스 이벤트로 진화하는 것일 뿐이다.

셋째, 가상 교육 훈련을 실행한다. 고객의 교육 훈련이 필요한 산업은 많다. 소프트웨어 산업, 의료기기 산업, 무기 산업 등 B2B영업에서 고객을 교육하고 훈련해야 하는 분야가 많다. 메타버스에서의 가상 교육 훈련은 고객의 스킬을 올리기에 훌륭한 매체이다. 아울러 영업직원의 교육 또한 메타버스에서 수행될 수 있다.

넷째, 고객과 몰입도 있게 소통할 수 있다. 이제 고객은 거의 완벽하게 화상회의에 적응했다. 회의를 위한 가상현실 공간은 고객과 영업직원, 고객과 마케터 간의 상호작용의 품질을 개선할 것이다. 온라인에서 메타버스 기술을 이용하여 고객에게 데모 제품군을 보여주고 제품과 오퍼링을 맞춤화할 수도 있다. 시가저 현실에서 피드백을 받고 즉석에서 상호작용도 가능하다. 훨씬 풍부한 고객 경험을 제공할 수 있다.

메타버스 셀링을 통해 기업은 매출을 올리고, 생산성을 높이고, 고객 경험을 풍성하게 제공하고, 잠재고객을 발굴할 수 있게 되었다. 아바타를 통해 가상공간에서 만나고 피드백을 듣고 성과를 내기도 한다. 코로나19 이후 고객은 온라인 소통에 익숙해졌다. 이러한 변화가 메타버스를 이용한 영업으로의 변화에 매우 긍정적으로 작용할 것이다. 물론 소셜 셀링과 디지털 셀링의 경험이 없이 메타버스 셀링의 세계로 들어가기는 매우 어려울 것이다. 그러나 고객은 이미 소셜 셀링과 디지털 셀링의 경험을 즐기고 있고, 이는 다음 단계인 메타버스 셀링으로 진화하는 데 큰 도움이 될 것이다.

메타버스에 몰입하는 Z세대와 기업들

기업은 디지털 공간에 영업 공간을 구축하는 것부터 시작했다. 기업이 제공하는 서비스를 가상공간에서 고객들이 체험할 수 있다. 메타버스 플랫폼에 영업 공간을 만들고 영업하는 것이다. 로블록스, 제페토, 디센트럴랜드 등 메타버스 플랫폼에서는 사용자들이 콘텐츠를 생산하고 수익을 창출할 수 있는 디지털 도구를 제공한다. 이곳에서 아바타의 액세서리를 팔고, 게임 아이템을 거래한다.

마크 저커버그 메타 플랫폼스 최고경영자는 메타버스 플랫폼인 '호라이즌월드'에서 가상 자산과 경험을 팔도록 새로운 도구를 시험하고 있다고 밝혔다. 이미 메타버스 플랫폼은 디지털 자산과 가상 이벤트를 거래하고 있다. 편의점 브랜드 세븐일레븐이 메타버스에 만든 편의점인 세븐일레븐 카이아섬점이 개점한 지 한 달여 만에 총 1,000만 명이 넘은 이용자가 방문했고, 약 2,000만 개의 상품이 판매되었다.

KB국민은행은 'KB메타버스 VR브랜치'를 만들었다. 가상공간에 구현된 영업점에서 은행원 아바타를 만나 상담을 체험할 수 있다. 농협금융은 로블록스에 'NH비전타운'을 오픈했다. 농협은행을 포함한 총 6개의 금융 계열사가 금융의 메타버스 영업 공간에서 체험마케팅을 시작했다. 우리은행의 '우리메타 브랜치'에서는 소상공인을 위한 일대일 맞춤 컨설팅을 제공하고 있다.

가상공간에 매장을 만들어 언제 어디서든 매장을 방문할 수 있고, 구매와 배송도 가능하다. 일대일 채팅으로 개인 상담도 하고 메타버스 내에 설치된 개인 창구를 통해 상담도 가능하다. 물론 영업직원도 메타버스에 접속해서 비대면 근무를 할 수 있다. 물론 현재 방문 이용자는 대부분 Z세대이다. 이들은 가상세계에서 놀고, 일하고, 어울리고, 비즈니스를 위해 협업하고, 돈을 버는 시대를 열고 있다.

메타버스에 영업 공간이 지속적으로 늘고 있는 최근의 변화를 보면, 가상세계의 영입인 메타버스 셀링도 빠르게 다가올지 모른다. 다만 디지털 세상의 영업에서 감성 역량이 더욱 주목받았다는 사실을 고려하면 메타버스 세상에서도 감성 역량은 더 크게 대두될 것이라 예측한다.

위기를 맞은 대형은행의
영업 전략

    몇 년 전 일이다. 4학년 학생 한 명이 내게 찾아와 마지막 학기에 실습을 하고 싶다고 했다. 실습학기란 강의를 듣는 대신에 기업에서 실습하면 전공 학점을 주는 제도이다. 학생들에게 현장에서의 실습을 경험하게 하고 취업과 연계해주기도 한다.

    때마침 지인이 운영하는 핀테크 기업에서 전공에 상관없이 학생을 추천해달라는 요청이 있었다. 실습기간 중에 교육기관에서 프로그래밍 교육을 받고, 프로젝트에 직접 배치되어 업무를 한다고 하여 학생에게 의견을 물어보았다. 컴퓨터 프로그래밍 업무인데 해보고 싶다고 하여 그 학생은 그 핀테크 기업에서 실습학기를 수행했다.

한 학기 동안 현장에서 직접 프로젝트를 수행한 뒤에 학기가 끝나고 그 기업에 취업했다.

나는 한동안 그 학생의 소식을 듣지 못했다. 여러 금융 IT프로젝트에 참여하며 잘 지내고 있다는 것만 들었다. 몇 년이 흐른 어느 날 모임에서 그 핀테크 기업의 대표를 만났다. 이런저런 얘기 중에 그 학생 이야기가 나왔다. 최근에 회사를 옮겼다고 그 지인이 서운해했다. "카카오뱅크로 옮겼어요. 그 직원은 잘된 것인데, 나는 몇 년간 잘 교육시킨 인재를 빼앗겼잖아요. 카카오뱅크에서 개발자를 다 데려가고 있어요. 우리 같은 중소기업은 큰일입니다."

내가 가르치는 경영학부 학생들이 가장 취직하고 싶어 하는 곳이 금융기관이다. 특히 카카오뱅크와 토스뱅크 같은 디지털 은행이다. 그렇게 다들 가고 싶어 하는 곳을 내가 추천한 학생이 입사했다고 하니 그 지인에게는 조금 미안했지만 내심 흐뭇했다.

은행 지점이 줄고 있다. 가끔 현금을 찾을 때 수수료를 내기 싫어 거래은행을 가려고 하는데, 근처에 지점이 많이 없어져 찾기가 어려웠던 적이 종종 있다. 노인 분들은 인터넷이나 모바일로 거래하기 힘들기에 더욱 불편해한다. 은행의 지점은 왜 줄고 있을까? 카카오뱅크 때문이다. 이제는 토스뱅크, 케이뱅크까지 가세했다.

디지털 은행이 실제로 예금 업무를 차별화하고 신용대출을 비대면으로 디지털 상에서 하더니 이제는 주택담보대출까지 진출했다.

기존 은행들은 난리가 났다. 디지털 은행은 무엇이든 디지털 혁신을 할 수 있다. 그런데 기존 은행들은 대면 채널이 엄청나다. 지점, PB 지점, 그것도 개인고객 담당 지점, 법인고객 담당 지점 등 많다. 점포 수를 줄이기 위해 지점에 있는 대면 인력들의 업무 전환으로 골치가 쑤실 것이다. 디지털 은행들이 혁신적인 아이템을 가지고 빠르게 침투하고 있으니 기존 은행이 차근차근 디지털로 전환해나가는 것도 사실상 불가하다.

한 은행 지점장의 넋두리이다. "경영진은 엄청난 위기라고 합니다. 인력이 남아돈다고 신입사원은 거의 뽑지 않고요. 그나마도 IT 인력 만 채용합니다. 사실 이해합니다. 저도 카카오뱅크에서 신용대출을 받았거든요. 한 번도 만난 적이 없는데 신용대출을 해주더라고요. 금리도 괜찮고요. 위기는 위기인 것 같습니다. 저는 곧 은퇴하지만 우리 후배들이 어떻게 될지 걱정입니다. 카카오뱅크가 시장을 다 잠식하지는 못하겠지만 기존 은행들은 많은 것을 뺏길 것 같고, 그렇다고 당장 디지털로 갈 수도 없고요."

은행은 일반 업무 직원들은 거의 채용하지 않고 디지털 인력 채용에 올인하고 있다. 또한 신한은행을 비롯해 하나은행, 우리은행, 국민은행은 디지털 점포를 확산하는 일에 적극적이다. 신한은행은 대면 점포를 대체해 디지털 영업부를 만들었다. 2022년도 초에는 개인고객의 디지털 셀링을 넘어서 개인사업자을 위한 디지털 SOHO

영업부를 신설했고, 프리미어 고객을 위한 디지털 WM영업부도 신설했다. 개인뿐만 아니라 사업자, 우량고객까지 디지털 툴을 활용하여 고객관계를 맺고 고객가치를 제공하는 디지털 셀링을 시작한 것이다.

지점이 없는 지역에는 한 평 남짓한 공간에 디지털 점포를 열어 AI 행원이 간단한 업무를 처리해주고 비대면으로 업무를 수행한다. 카카오뱅크와 토스뱅크는 이미 AI를 이용하고 데이터를 분석해서 비대면으로 업무를 처리하고 있다. 은행의 주 수입원인 대출 업무도 디지털 툴을 사용해 처리한다.

이제 기존 대형은행들도 비대면 영업의 세계로 들어왔다. 어떻게 하든 기존의 대면 영업과 비대면 영업의 장점을 살린 전략과 전술을 만들고 실행하여 살아남아야 할 것이다. 누가 비대면영업, AI 영업, 데이디 영업이 미래의 일이라고 얘기했는가? 대면 소통이 기강 오래 갈 산업이라고 생각했던 은행업조차 이 경쟁에 이미 깊숙이 들어와 있다.

중소기업 고객은 데이터로 영업한다
_ 소프트웨어 회사 중소기업 영업본부 본부장

Q "구매 규모가 큰 대기업 고객과 달리 중소기업 고객은 영업직원당 담당해야 할 고객 수도 많고 구매 규모도 작아 운영하기가 힘들 것 같은데요. 본부장님은 이 영업조직의 매출 목표를 달성하기 위해서 어떻게 고객을 관리하는지요? 올해 구매 예산이 있는 고객을 찾아내기도 힘들 것 같고, 영업직원들이 몇백 개의 고객을 어떻게 만나고 그들의 요구사항을 듣고 있는지 궁금합니다."

A "저희 조직의 영업직원은 각자가 수백 곳의 작은 중소 고객들을 담당합니다. 더구나 소프트웨어를 다루는 일이라 계약 금액도 그리 크지 않고요. 담당 영업직원이 만나지 못한 고객이 거의 대부분이고, 콜드 콜을 진행해서 잠재 고객을 추가로 만드는 것은 거의 불가능합니다. 그래서 오래전부터 전화나 인터넷을 이용해 영업했습니다. 최근

에 화두가 되는 디지털 셀링을 하는 것이지요.

먼저 수백 곳의 고객을 나눕니다. 우리 제품을 최근에 구매한 활동 고객, 아주 오래전에 구매하고 지금은 구매가 없는 비활동 고객, 우리 제품을 아직 구매하지 않은 고객으로요. 구분에 따라 디지털 툴과 채널을 통해 다양한 메시지를 전달하고 디지털 상에서 관계를 맺고 유지합니다. 소셜미디어와 이메일 등을 이용해 고객에게 각기 다른 영업 메시지나 정보 등을 지속적으로 공급합니다. 그러다 보니 데이터가 없으면 영업을 할 수 없습니다. CRM 툴은 반드시 필요하고요.

CRM 툴에 고객에게 보낸 소셜미디어 메시지, 이메일, 콘텐츠를 업데이트합니다. 이 데이터를 기반으로 새로운 콘텐츠의 메시지를 개발하고 전달합니다. 이에 대한 고객의 반응을 바탕으로 새로운 메시지를 만들어 전달하고, 가망 고객을 계약으로 이어나가는 활동을 하는 것이지요.

조직 내에 있는 마케팅 캠페인 매니저(조금 큰 규모의 캠페인을 개발하는 마케팅 직원), 프로그램 매니저(작고 세밀한 프로그램을 개발하는 마케팅 직원), 소셜미디어 콘텐츠 개발자와 담당 영업직원이 끊임없이 영업 메시지와 콘텐츠를 개발하고 제공하며, 고객과 소통한 내용은 CRM 툴에 언제이트합니다. 고객당 구매 규모는 작은데 고객 수는 많아서 고객에게 지속적으로 메시지를 전달해야 그중 구매로 연결되는 고객을 건져낼 수 있어요. 그래서 중소기업을 담당하는 우리 조직에게 축적된 데이터는 매우 중요합니다.

디지털 셀링은 데이터가 없으면 아무 의미가 없습니다. 유용한 데이터가 있어야 이를 제대로 분석하여 타깃 고객에 맞는 메시지를 전달하고 계약까지 끌어내는 것입니다. 우리 부서는 데이터를 수집하고, 업데이트하고, 분석하고, 사용하는 것에 가장 많은 시간을 쏟습니다.

더구나 영업직원당 고객의 수가 너무 많아서 구두 혹은 방문 인수인계는 불가능합니다. 영업직원이 바뀌면 데이터를 보고 인수인계를 받아 영업 전략을 짭니다. 데이터를 이용해 메시지에 대한 고객의 반응을 높일 뿐만 아니라 인수인계도 원활하게 하는 것이지요. 중소고객을 제대로 관리하기 위해서는 전통적인 대면 영업만으로는 불가합니다. 사실 우리 영업직원에게 전통적인 영업역량보다 디지털 셀링 역량이 더 필요합니다."

구매 규모가 큰 대기업 영업의 경우 데이터를 수집하고, 분석하고, 이용하는 것은 영업직원의 생산성을 위해 필요하다. 그런데 중소기업 고객 영업의 경우 고객과 관계를 맺고, 유지하고, 고객에게 메시지와 콘텐츠를 제공하기 위해서는 데이터를 수집하고 분석하는 일이 필수이다. 본부장은 이렇게 인터뷰를 마무리했다. "소규모의 중소기업 고객을 만족시키고 우리의 목표를 달성하기 위해서는 영업직원의 데이터에 관한 관심도와 역량은 그 어느 것보다도 중요합니다."

HUMAN TOUCH
+
DIGITAL
=
HYBRID SALES

영업직원은 고객 데이터와 판매 데이터 등 수많은 데이터의 홍수 속에서 살고 있다. 빅데이터를 분석하고 이를 사용하여 고객과 관계를 맺고 고객에게 가치를 제공한다면 영업직원의 생산성은 높아진다. 그렇다면 소프트웨어 툴을 통해서만 데이터 기반의 영업을 할 수 있을까? 아니다. 여러분 주위에 있는 모든 것이 데이터이다. 디지털 기술이 발전하기 이전에도 고객사의 팩스 주변, 고객사의 흡연장 주변, 엘리베이터 내부 등에서 다양한 데이터를 수집했고 이를 분석하여 영업에 사용했다. 과거에도 그랬듯 현재도 어디서든 데이터를 수집하고 분석하는 습관을 들여야 한다. 이를 통해 데이터 기반의 영업역량을 키워야 한다.

PART 4

어디서든
고객의
데이터를
수집하라

_데이터 영업역량(Data Selling)

10

데이터 없이
영업할 수 없다

90년대에 우리나라에 PC가 본격적으로 보급되기 시작했다. 당시만 해도 PC는 고가여서 가정에서는 용산에서 조립 PC를 사고, 기업이나 관공서에서만 브랜드 PC를 구매했다. 나는 당시에 기업 대상 IT 솔루션 영업을 담당했는데, 주로 '메인 프레임'이라고 불리던 대형 컴퓨터와 컴퓨터 스토리지 저장장치를 제안하고 판매했다.

당시에는 주로 기업과 관공서의 업무용으로 컴퓨터가 사용되었고, 데이터 저장장치도 대형 혹은 중형 컴퓨터 스토리지가 일반적이었다. 내가 그때 팔았던 저장장치는 300기가바이트(GB)가 30억 원이었다. 지금은 PC나 스마트폰 외장형 저장장치가 4테라바이트(TB)

에 15만 원이니 데이터 저장장치의 가격이 얼마나 싸진 것인지 가늠할 수 있다.

데이터 저장장치 기술의 발전만 보더라도 데이터의 증가는 가히 폭발적이라고 할 수 있다. 같은 가격에 데이터를 저장할 수 있는 양이 상상할 수 없을 정도로 많아졌다. 30여 년 전에 1기가바이트에 3,000만 원 하던 것이 37.5원이 된 것이다. 결과적으로 빅데이터의 시대를 살게 되었다.

수치 형식의 표준화된 데이터인 '정형 데이터'와 텍스트, 이미지, 메모, 기사, 비디오, 오디오, 위치 정보, 로그 기술, 이메일, 소셜미디어와 댓글, 좋아요, 리뷰, 문의 등 '비정형 데이터'의 홍수 속에서 우리는 살고 있다. 게다가 디지털 채널 성장이 가속화되어 더 많은 데이터가 양산되고 있다. 특히 데이터의 80% 이상을 차지하고 있는 비정형 데이터의 양은 무서운 속도로 증가하고 있다. 빅데이터를 분석하고, 공부하고, 진화하는 AI 기술 또한 발전하고 있어 데이터의 폭발 시대는 지속될 것으로 보인다.

데이터 폭발과 더불어 하드웨어, 소프트웨어가 엄청나게 발전하고 AI가 진화하면서 모든 의사결정을 할 때 데이터를 기반으로 하게 되었다. 정치, 경제, 사회 전반에서 데이터를 기반으로 분석하고 의사결정하는 기술과 프로세스가 자리 잡아가고 있다.

영업 데이터 분석의 4단계

링크트인은 매년 구매자와 판매자의 설문과 링크트인 데이터, 영업리더의 인터뷰를 기반으로 설문조사를 진행한다. 최근 링크트인 설문 결과는 영업직원의 비대면 영업, 세일즈테크, 빅데이터 등 영업의 디지털 트랜스포메이션 관련한 트렌드의 변화를 다루었다.

특히 영업조직의 데이터 이용과 분석에 관한 결과가 눈길을 끌었는데, 응답자의 51%가 데이터를 영업 성과를 분석하는 데 사용한다고 말했다. 응답자의 48%는 수집된 데이터를 경쟁에서 실패한 영업기회의 패턴을 분석하는 데 사용하고, 56%는 잠재고객을 발굴하는 데 사용하고, 49%는 타깃 산업을 선택하는 데 사용했다고 응답했다. 그리고 구매자의 25%가 매년 역할을 바꾸기 때문에 영업직원은 고객의 직무 변동에 대한 데이터를 확보하는 것이 중요하다고 했다. 영업직원 응답자의 85%는 고객이 직무 변동이나 이직 때문에 지난 1년 동안 한 건의 영업기회를 놓쳤거나 연기했다고 응답했다. 데이터가 영업직원의 성과와 발전에 기여하는 것이다.

데이터는 가공되고 분석되지 않으면 가치가 없다. 기업은 대량의 다양한 데이터를 분석하여 고객과 영업조직에 대한 인사이트를 가지고, 이를 통해 궁극적으로 최상의 의사결정을 한다. 이제는 데이터 없이는 영업할 수 없는 시대인 것이다.

그렇다면 영업 데이터 분석은 어떻게 해야 하는가? 가트너의 4단

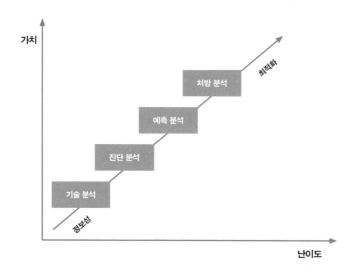

데이터 분석 단계

계 데이터 분석 단계를 영업 데이터 분석에 적용해보도록 하자.

1단계 기술 분석(Descriptive Analytics)이다. 데이터에 대한 이해 차원으로 데이터 분석의 가장 기본이라 할 수 있다. 데이터를 분석하여 과거에 무슨 일이 일어났으며 현재 어떤 일이 발생하는지를 살펴보는 것이다. "과거에 무슨 제품이 많이 팔렸는가?", "현재는 무슨 제품이 많이 팔리는가?", "고객만족도는 지난 1년간 어땠는가?" 차트나 도표로 분포나 추세 등을 설명할 수 있다.

2단계 진단 분석(Diagnostic Analytics)이다. 기술 분석 단계에서 찾아낸 분석 내용의 원인을 이해하는 것이다. 왜 그 일이 일어났는지, 왜 그 일이 일어나고 있는지를 살펴보고 어떤 데이터가 중요한지를 보는 것이다. "그 제품이 많이 팔린 이유가 무엇인가?", "현재도 많이 팔리고 있는 이유는 무엇인가?", "고객만족도가 좋아졌는데 그 이유는 무엇인가?" 일어났거나 일어난 데이터의 원인을 찾다 보면 어떤 데이터가 중요한지를 알게 된다. 데이터 간의 관계를 분석하여 인과관계를 찾을 수 있다.

3단계 예측 분석(Predictive Analytics)이다. 진단 분석 단계에서 일어난 일의 원인을 이해하고 무슨 일이 일어날지 예측하는 것이다. 데이터를 통해 고객의 행동이나 제품별 매출을 예측하는 과정이다. 그 제품이 많이 팔린 이유가 영업역량 때문인지 혹은 제품 품질 때문인지를 알아내고, 내년 혹은 다음 분기에는 제품 매출이 얼마나 늘지 예측하는 단계라고 할 수 있다. 이 단계에서는 데이터를 통해 미래를 예측한다.

4단계 치방 분석(Prescriptive Analytics)이다. 예측을 바탕으로 무엇을 해야 할지 정하는 것이다. 제품 매출이 얼마나 오를지를 예측하고, 이에 따라 영업직원의 규모를 정하고 유통 전략을 조정하는 의사결정이 가능하다. 고객만족도가 나빠지고 그것이 정량적, 정성적으로 예측이 가능하다면 이에 따라 고객만족도를 높이기 위한 다양한 의사결정을 할 수 있다.

한 컨설팅 리포트에 의하면 고객에 관해 데이터 분석을 광범위하게 사용하는 기업은 경생사보다 126% 높은 수익 개선 효과를 보였고, 매출 개선 효과는 131% 더 높았다고 한다. 영업 데이터의 분석은 고객을 만족시키고 영업조직의 성과를 극대화한다.

영업조직은 판매 실적 데이터와 고객 데이터, 인사 데이터를 바탕으로 영업직원과 고객에 대한 인사이트를 효과적으로 분석해야 한다. 물론 디지털 툴을 이용해 분석한다면 그 효과가 더욱 돋보이겠지만, 영업직원과 영업조직은 항상 현재 일어난 정량적, 정성적 현상을 바탕으로 상황을 분석하고, 이를 통해 기술, 진단, 예측, 처방하는 문화를 만드는 게 우선이다.

11

생산성을 높이고
성과를 최대화하는 데이터 분석

잘나가는 글로벌기업의 84%가 빅데이터 분석을 시작했다. 데이터를 기반으로 의사결정의 정확성을 높이기 위해서이다. 데이터는 정보를 만들고 정보는 인사이트를 제공한다. 이 인사이트를 토대로 최선의 선택을 하게 된다. 대량의 데이터를 통해 기술하고 진단하고 예측하고 처방하는 분석은 리더와 영업직원 모두에게 필요한 역량이다. 기업은 빅데이터와 분석 기법을 통해 비용을 줄이고 혁신을 위한 새로운 방향을 설정한다.

직감으로 결정해선 안 되고 데이터에 기반한 의사결정이 필요하다. 영업직원은 어떤 영업기회에 뛰어들지, 영업리더는 어떤 영업직원이 어느 고객을 담당하게 할지, 영업 생산성을 높이기 위해 어떤 분야에 먼저 투자할지 판매실적 데이터, 고객 데이터, 직원의 인사 데이터를 기반으로 진단하고 예측하고 행동해야 한다. 영업직원의 생산성을 높이고 영업 성과를 최대화하기 위해 데이터 활용법을 알아보자.

고객의 구매 행동을 예측하라

첫째, 특정 제품과 서비스에 대한 판매 추이를 모니터링한다. 매출 변화의 추이를 모니터링해서 제품별 판매 추이, 지역별 판매 추이, 영업직원별 판매 추이 등을 알 수 있다. 영업목표의 진행 상황을 추적할 수 있는 방법이다. 또 고객만족도에 대한 데이터를 모니터링한다. 고객만족도에 대해 연두별, 분기별 추이를 모니터링함으로써 영업 전략과 서비스 전략을 변경하거나 더 집중할 수 있다.

둘째, 영업직원의 성과와 역량을 모니터링한다. 영업직원의 효율성 추이와 패턴을 확인할 수 있다. 매출 성과만이 아니라 영업직원의 개인별 영업기회 수, 영업기회 총액, 리드 진척율, 계약 성공율, 개인별 이익율, 개인별 제안가격 금액대 등 다양한 지표로 개인의 성과와 역량을 모니터링하여 추후 코칭하고 진급 및 개발에 사용한다.

셋째, 영업기회 파이프라인을 모니터링한다. 매출과 이익 창출의 기반은 품질 좋은 영업기회 파이프라인의 크기이다. 영업기회가 발굴되고 진척되어야 계약 및 매출이 이루어진다. 영업기회 파이프라인을 정확하게 모니터링하는 것은 영업목표 달성의 첫 단계라고 할 수 있다. 영업직원이 가능성 없는 영업기회를 파이프라인으로 연계하는 것은 아닌지, 실제로 가능성 있는 영업기회가 만들어지는지 모니터링해야 한다. 이외에도 고객 참여 패턴, 시장 동향 등에 관한 다양한 모니터링을 진행해 매출과 고객 만족에 기여할 수 있어야 한다.

데이터를 통해 모니터링을 했다면 고객의 구매 행동을 예측할 수 있다. 소비자는 구매 행동이 정기적이고 일관성 있는 경우가 많다. 쇼핑은 주말에 할인점에서 하고, 금액 상한은 일반적으로 얼마를 정해놓고, 정기적인 쇼핑은 식료품 위주로 하고, 의복이나 기타 취미용품은 백화점에서 하는 등 소비자의 구매 패턴은 정기적이고 일관적이다. 고객의 구매 패턴도 비슷하다. 고객이 언제 구매하고 얼마에 구매하고 무엇을 구매하는지 데이터를 통해 고객으로부터의 매출 예상액, 매출 품목, 매출 시기를 예측할 수 있다.

제품 판매 트렌드를 분석하여 잘 팔리는 제품과 안 팔리는 제품을 식별하고, 미래의 베스트셀러를 예측한다. 다양한 제품을 취급하는 총판이나 도매상은 상품에 대한 판매 데이터를 분석하고, 이를 통해 어떤 상품에 더 집중할 것인지를 판단한다. 판매 데이터를 기초로 영업 전략을 조정할 수 있다.

적정한 가격 책정은 영업의 중요한 의사결정 사항 중의 하나이다. 매출액, 매출원가, 매출 이익, 매출 수량 등의 데이터를 분석해 적정한 가격을 예측하고 결정한다. 아울러 가격의 변화에 따른 매출 변화를 모니터링하여 적정한 이익을 확보할 수 있는 가격을 결정한다.

그밖에 데이터 분석을 통해 판매를 예측하고, 영업 인력의 사이즈와 지리적 분포를 정한다. 영업기회의 스코어링을 통해 유망한 기회를 찾아내고 영업직원의 데이터를 기반으로 영업직원의 보상을 개선한다. 또한 데이터를 기반으로 영업 프로세스를 개선하고 영업직원의 성과를 모니터링하고 관리한다. 영업직원의 역량 강화와 영업의 효율성 제고, 영업 전략과 전술의 수립, 영업조직의 관리를 위해 데이터의 역할은 무궁무진하다.

빅데이터 분석을 영업 성과로 연결하라

영업직원 가운데 데이터 역량에 대해 선입관을 가진 사람이 있다. "영업하는 사람이 데이터를 가지고 뭘 해? 그건 마케팅이나 전략기획에서나 하는 거지. 영업은 고객을 만나서 친해지고 고객의 니즈를 정확히 알아내는 거지. 무슨 빅데이터고 무슨 분석이야?" 그러나 빅데이터의 세상에서 영업직원도 데이터 분석 역량을 가져야 한다. 빅데이터를 분석하는 영업직원의 행동을 나열해보자

· 데이터를 통해 고객 프로필을 정리한다.

· 데이터를 분석하여 시장을 세분화한다.

· 데이터를 통해 고객에게 맞춤형 제안을 만든다.

· 데이터를 통해 회사의 수익과 발전에 기여하는 최상의 고객을 찾는다.

· 데이터를 통해 고객을 만족시킬 수 있는 최적의 유통채널을 선택한다.

이렇듯 정형, 비정형 데이터를 기반으로 영업직원은 시장을 나누고, 고객의 등급을 구분하고, 고객의 행동 패턴을 분석하고, 맞춤형 제안을 개발하고, 최적의 영업 커버리지와 유통 형태를 정한다. 고객 빅데이터의 분석이 영업 성과에 큰 영향을 미친다는 글로벌 저명 학술지 〈산업재 마케팅 관리〉의 연구 결과도 있다.

이 연구에 의하면 CRM에 고객 빅데이터 분석을 사용하면 영업 성과를 크게 향상시킨다고 한다. 즉, 금전적 성과인 매출 성장을 크게 촉진하고 비금전적인 성과인 고객관계 증진을 향상시킨다는 것이다. 여기에서 비금전적인 성과는 고객 만족도를 높이고 고객의 이탈을 방지하고 안정적인 고객관계를 유지하는 것을 말한다. 결국 고객에 대한 데이터를 분석함으로써 고객과 안정적인 관계를 만들고 유지할 뿐만 아니라 이를 통해 매출 성과도 창출한다는 결론을 끌어낸 연구이다.

이 연구에서 흥미로운 결과를 하나 더 추출했는데, 기업의 분석 문화에 관한 내용이다. 데이터 분석에 강한 문화가 있는 기업일수록 고객의 빅데이터 분석이 영업 성과에 더 강력하게 영향을 미친다는 것이다. 반면에 데이터 분석이 약한 기업은 빅데이터로부터 나온 결정을 실행하는 데 부정적인 편이어서 빅데이터 분석이 성과로 연결되는 데 장벽이 있다.

이 연구 결과에 의하면 데이터 분석 문화는 매출 성장에는 직접적인 영향을 주지 않고 비금전적인 성과인 고객 만족도, 고객 이탈 방지, 안정적인 고객관계 유지에 더 큰 영향을 미친다고 하지만, 결과적으로 비금전적 성과가 매출로 연결되므로 데이터 분석이 강한 기업은 영업 성과가 높을 수밖에 없다.

영업전문가가 개발해야 할 영업핵심역량

나는 영업전문가가 가져야 할 영업핵심역량(7C)을 《영업은 배반하지 않는다》에서 정리했다. 이 역량은 유능한 영업전문가가 되기 위한 여섯 가지 역량과 바른 영업전문가가 되기 위한 한 가지 역량으로 나뉜다. 유능한 영업전문가가 되기 위한 역량은 고객관계 역량과 고객가치 역량으로 나뉜다. 그 영업핵심역량 일곱 가지를 설명하면 다음과 같다.

첫째, 신뢰관계(Creditability) 역량이다. 영업전문가는 시장에서 고객과 신뢰를 쌓아야 한다. 신뢰를 바탕으로 고객과 관계를 맺고 이를 유지하는 역량이다.

둘째, 판매경로(Channel) 역량이다. 시장과 고객으로 가는 모든 길을 알고 장악해야 한다. 고객을 향해 뻗어 있는 다양한 경로를 항상 관찰하고 이를 적절히 이용하는 역량이다.

셋째, 고객이해(Customer Business) 역량이다. 고객과 고객의 사업, 고객의 경쟁 상황을 파악하고 있어야 고객의 니즈를 알 수 있다. 니즈를 파악하면 고객에게 적절한 제안을 할 수 있다. 영업전문가는 고객과 고객의 사업을 반드시 이해하여야 한다.

넷째, 가치제공(Customer Value) 역량이다. 고객의 니즈를 바탕으로 고객에게 적절한 가치를 제안할 수 있어야 한다. 고객에게 가치로 차별성을 제공해야 한다.

다섯째, 창조적 사고(Creativity) 역량이다. 고객의 상황은 가변적이고 경쟁이 심하다. 창조적이고 혁신적인 방법으로 고객을 만족시키지 못하는 영업전문가의 앞날은 밝지 않다.

영업핵심역량(7C)		
유능한 영업역량	고객관계 포커스	신뢰관계 역량(Creditability)
		판매경로 역량(Channel)
	고객가치 포커스	고객이해 역량(Customer Business)
		가치제공 역량(Customer Value)
		창조적 사고 역량(Creativity)
		승부사 정신 역량(Competing Spirit)
올바른 영업역량		감성의 정도 역량(Cordial Ethics)

여섯째, 승부사 정신(Competing Spirit) 역량이다. 위의 모든 역량은 반드시 경쟁에서 이긴다는 생각이 바탕되어야 인내와 끈기가 발동한다.

일곱째, 감성의 정도(Cordial Ethics) 역량이다. 올바르지 않은 유능한 영업전문가의 말에 귀 기울이는 고객은 없다. 앞서 여섯 가지 역량은 유능한 영업전문가가 되기 위한 필수 역량이라면, 감성의 정도 역량은 따뜻하고 올바른 영업전문가가 되기 위한 역량이다. 이 역량이 갖춰지지 않는다면 나머지 역량은 의미가 없다.

영업전문가가 개발해야 할 일곱 가지 역량을 나열했다. 이 영업핵심역량은 과거에도 중요했고 미래에두 중요한 영업전문가이 여량이다. 특히 유능한 영업전문가가 되기 위한 역량인 고객관계 역량과 고객가치 역량을 개발하기 위해서 데이터 분석 역량이 필요하다. 고객 데이터와 판매실적 데이터 등을 분석하여 고객과 관계를 맺고 유지하고 고객에게 맞춤형 고객가치를 제안하기 위해서는 분석 역량을 갖추어야 한다.

디지털 시대에 영업 임원이 주목하는 핵심역량

영업전문가에게 분석 역량이 왜 필요하고 그 역량이 구체적으로 어떤 것인지를 증명한 글로벌 저명 연구가 있다. 이 연구는 2022년에 발표되었으며, 2018~2021년까지 링크트인 영업직원 채용 공고 380만 개를 분석하여 가장 많이 언급된 필요 역량을 도출했고, 이를 바탕으로 다양한 산업의 영업 임원 20명을 인터뷰하여 어떤 역량이 중요한지를 이끌어냈다.

링크트인 영업직원 채용 공고를 분석한 결과 가장 많이 언급된 영업직원 역량은 다섯 가지로, 영업기회 선별 역량(Qualifying Skill), 분석 역량(Analytical Skill), 잠재고객 발굴 역량(Prospecting Skill), 제안 역량(Presentation Skill), 컨설팅 역량(Consultative Selling Skill)이 도출되었다. 흥미로운 것은 이 중 '분석 역량'이 두 번째로 많이 언급되었다는 사실이다. 기업에서 영업직원의 분석 역량에 대한 수요가 다른 어떤 역량보다 우위에 있다는 것을 알 수 있다. 이후 20명의 다양한 산업의 영업 임원과의 심층 인터뷰를 통해 영업의 성공을 위해 중요한 역량들을 도출했는데, 19명이 분석 역량을 꼽았다. 경청 역량(Listening Skill), 협업 역량(Collaboration Skill), 소통 역량(Communication Skill)이 그 뒤를 따랐다.

재미있는 것은 최근에 더욱 중요해진 역량은 무엇인가라는 질문에 19명이 테크놀로지 역량을 선택했으며, 10명이 분석 역량을 선택했다. 데이터 분석 역량은 테크놀로지 역량과 불가분의 관계라고 할 수 있다. 빅데이터 세상에서 데이터 분석 역량과 테크놀로지 역량은 시장에서 영업직원의 역량으로 중요하게 받아들여지고 있다.

이 연구에서는 영업직원의 분석 역량을 두 가지 측면, 즉 고객 관리와 고객 인사이트로 나누어 정의했다. 고객 관리 측면에서 영업직원의 분석 역량은 데이터를 이용하여 정확한 매출과 이익 등 숫자를 예측해야 하고, 목표를 달성했을 때와의 차이를 분석할 수 있어야 한다고 정의했다. 또한 고객이 경쟁사로 이탈하는 것을 방지하고 상황에 따라 포커스를 조정하는 역량이라고도 정의했다.

고객 인사이트 측면에서 영업직원의 분석 역량은 고객을 이해하고 고객의 산업과 고객의 경쟁 상황 등을 이해하는 것이라고 했다. 데이터를 기반으로 영업 접근 방법을 상황에 따라 바꾸는 역량이라고도 했다. 아울러 영업직원의 이러한 분석 역량은 영업 실적에 직접 도움이 된다는 것을 증명했고, 분석 역량을 가진 영업직원이 영업에 집중한다면 더 큰 성과가 나온다는 것을 밝혀냈다.

영업역량은 구체적이기도 하고 추상적인 개념이기도 하다. 고객, 협력사와의 미팅을 통한 정보의 획득, 복사기 주변의 팩스 혹은 폐복사지의 내용, 신문 기사 등을 통한 분석이 과거의 분석이었다면 지금은 이러한 정형 데이터뿐만 아니라 소셜미디어, 이메일 등 다양하고 수많은 빅데이터와 AI, 소프트웨어 툴 등 디지털 툴의 발전으로 분석 역량이 고도화되고 있다.

데이터의 분석을 통해 영업역량을 제고하고, 영업 생산성을 증대하고, 영업조직의 효율성과 효과성을 관리하는 것이 가능한 세상이 되었다. 영업직원과 영업리더는 데이터 분석 능력을 정의하고 개발하는 데 더욱 경주하여야 한다.

12

콜드 콜로 맷집과 역량을
함께 키워라

콜드 콜은 영업 업무에 종사하는 사람이라면 누구나 겪어보았을 것이다. 콜드 콜은 피하고 싶은 고객 접촉 방법이다. 신규 고객을 창출하는 방법 중에 가장 오래되고 약간은 진부한 방법이기도 하다. 고객의 무례한 반응을 유발하기도 하고, 고객이 아예 무시하기도 한다. 대면 미팅의 경우 문전박대하기도 하고, 전화로 통화하는 경우에는 말하는 도중에 전화를 끊어버리기도 한다. 이렇듯 콜드 콜은 고객의 예상 밖의 대응으로 영업직원이 가장 꺼리는 고객 접근 방식이다.

고객 입장에서 이런 대응 태도는 이해된다. 약속도 하지 않고 무작정 방문하거나 전화를 걸어오는 영업직원을 친절하게 받아준 구매자는 잘 없을 것이다. 콜드 콜은 일반적으로 사전 접촉 없이 잠재고객 리스트를 보고 전화하여 신규고객을 발굴하는 것을 말한다. 무작위 텔레마케팅 콜드 콜은 가장 흔하게 볼 수 있는 콜드 콜 영업 방식이다. 좋은 땅 있으니 구매하라고 전화를 받아본 사람은 많을 것이다. 대출해주겠다는 전화도 흔하다. 휴대전화를 바꾸라고 연락이 오는 경우도 허다하다. 통신사에서 콜드 콜 전화를 구분하여 알려주는 서비스를 제공하는 것만 보아도 전화를 통한 콜드 콜은 구매자나 판매자에게 일상이 된 것으로 보인다.

전화가 아닌 대면 접촉을 통한 콜드 콜도 흔하게 볼 수 있다. '빌딩타기'와 '동타기'는 주로 개인 소비자나 중소기업, 소상공인 고객을 대상으로 하는 콜드 콜의 유형이다. 동타기는 가전제품 영업, 신문구독 영업 등의 오래된 영업 방식으로 담당 지역 내의 아파트를 찍어 그 아파트의 모든 호수를 방문하는 식이다. 빌딩타기는 담당 지역 내의 건물을 찍어 모든 사무실을 방문하는 것이다. 중소상인과 중소기업을 대상으로 하는 SMB(Small&Medium Business) 영업을 하는 영업인들에게는 매우 익숙한 영업 기법이다.

대기업 고객 영업에도 콜드 콜이 있다. 경쟁사 제품을 쓰는 법인고객이 내 제품을 구매하도록 갑작스럽게 방문하는 것, 대상 기업의 윗사람을 통해 방문을 원하지 않는 실무 담당자를 찾아가는 것도 콜드 콜이다. 이 또한 고객의 무례한 대응을 겪는다. 찾아온 영업직원을 몇 시간 기다리게 하고 고객은 점심 식사하러 가버리기도 하고,

매일 찾아가도 일주일간 눈길도 주지 않는다.

콜드 콜이 여전히 필요한 이유

콜드 콜은 사실 비효율적이다. 미국 베일러대학교의 켈러 연구센터의 연구 결과에 의하면 고객과 약속 없이 시작한 콜드 콜의 1%만이 다음 약속으로 이어진다고 한다. B2B 구매 의사결정자의 90%는 콜드 콜에 응답하지 않는다. MZ세대 의사결정자는 콜드 콜에 무응답하는 일이 더 많다고 한다. 콜드 콜 타깃 리스트의 55%는 응답하지 않으며, 그 리스트의 17%는 타깃의 고객정보가 틀리다고 한다. 전화통화이든 대면 접촉이든 고객의 무례한 대응이 예상되는 콜드 콜은 효율성도 매우 낮다. 그럼에도 불구하고 왜 콜드 콜을 실행하는 것일까? 콜드 콜이 필요한 이유를 생각해 보자.

첫째, 신규 고객을 발굴하는 좋은 툴이다. 잠재고객 중에서 한 명의 신규고객이라도 찾을 수 있는 방법이다.

둘째, 영업직원의 역량을 강화하는 좋은 방법이다. 영업직원의 영업핵심역량 중 승부사 정신은 경쟁에서 이기는 문화를 가진 역량이다. 승부사 정신을 가지기 위해서는 맷집이 중요하다. 내 제품과 서비스에 관심이 없는 고객에게 접근하면 무례한 반응을 불러일으킬 수 있다. 콜드 콜은 이를 견디고 목표를 향해 나아가는 맷집과 열정을 배우는 좋은 방법이다. 아울러 고객과 관계를 맺고 유지할 때 항상 좋은 이야기만 하는 기존 고객과 달리 신규고객을 발굴함으로써 관계를 시작하는 콜드 콜은 영업직원이 신뢰관계 역량을 쌓는 데 도움이 된다.

셋째, 사전 방문 계획 작성의 중요성을 인식하는 데 도움이 된다. 판매 종결을 위한 고객 방문 시 첫 단계는 사전 방문 계획의 작성으로 시작한다. 방문 고객에 대한 분석과 방문 시 시나리오, 방문 종료 시 목표, 예상 반론과 극복 방법 등을 방문 전에 생각하고 준비해서 고객을 만나야 한다. 사실 사전 방문 계획 작성은 매일 해야 하는데 쉽지 않다. 그래서 습관화해야 한다. 고객을 방문하기 전에 항상 계획을 세우고 방문하는 습관을 들여야 한다.

기존 고객의 일상적인 방문은 방문 계획이 없어도 무방하다. 반론이 거세지 않을 가능성이 높기 때문이다. 그러나 콜드 콜을 수행하기 위해서는 사전 방문 계획 작성이 중요하다. 어디로 튈지 모르는 고객을 대할 때 아무런 준비도 하지 않는 영업직원은 없다. 콜드 콜은 사전 방문 계획 작성을 습관화하는 데 큰 도움이 된다.

대형 부동산 투자를 중개하는 글로벌기업의 베테랑 영업임원이 했던 말이다. "저는 매일 아침 출근하면 콜드 콜을 진행합니다. 책상에 놓인 잠재고객 리스트를 보고 매일 스무 통 정도 하는데요. 저의 승부사 정신을 다듬고 어려움도 다시 느낍니다. 물론 저는 콜드 콜을 안 해도 됩니다. 25년이 넘게 이 일을 해오고 있어 고정 고객이 꽤 됩니다. 같이 일하는 직원도 10명이나 되기 때문에 굳이 콜드 콜을 안 해도 급여와 인센티브를 충분히 받으니까요. 그런데 내 어려웠던 시절과 고객 접촉의 감을 잊지 않기 위해 매일 콜드 콜을 합니다."

데이터 분석으로 콜드 콜의 장벽을 극복하라

콜드 콜은 장점이 많지만 여전히 비효율적이다. 타깃 고객의 구매 가능성을 확인할 방법이 없기 때문이다. 그렇다면 콜드 콜에 데이터 분석 역량이 더해진다면 어떨까? 콜드 콜이 미팅 약속으로 전환되고 잠재고객이 내 이야기에 귀 기울일 확률을 높일 수 있다면 콜드 콜의 단점인 비효율성과 고객의 무례한 대응을 줄일 수 있다. 콜드 콜을 하기 이전에 사전 계획은 중요하다고 했다. 사전에 다양한 데이터 분석을 할 필요가 있다.

첫째, 데이터를 조사한다. 선배의 경험담을 듣거나 실제로 고객이 있는 곳을 가서 보고 필요한 경우 고객 리스트를 구입한다. 아파트 단지에 에어컨 영업을 한다면 타깃 아파트에 가서 에어컨 실외기를 확인한다. 노후된 실외기가 있는 호수만 골라 동타기를 할 수 있다.

기초적인 시각을 통해서 데이터 분석을 시도하는 것이다.

둘째, 페이스북, 링크트인, 리멤버 커뮤니티, 카카오 오픈채팅 등 소셜미디어를 통해 고객을 분석하고 타깃 고객을 정리하여 콜드 콜을 수행하는 것도 방법이다. 잠재고객의 성향과 기호, 상황을 소셜미디어를 통해 분석하고 난 뒤에 방문하거나 전화한다면 그들의 관심을 끌어내고 다음 약속을 잡기에 유리할 것이다.

셋째, AI 알고리즘 툴을 이용하는 방법이다. 첫째, 둘째 방법보다 과학적이고 투자가 필요한 방법이다. 맞춤형 고객 리스트를 뽑아낼 수 있고 구매 가능성 있는 고객을 추출할 수 있다. 타깃 고객을 완벽하게 이해할 수 있는 방법이기도 하다.

콜드 콜은 비효율적이고 고객의 대응이 두려워 영업직원이 꺼리는 영업 방법이다. 그러나 영업역량을 높이고 사전 준비를 습관화하는 좋은 툴이기도 하다. 콜드 콜의 비효율성을 낮추고 예측 가능한 수준의 고객 대응을 기대하기 위해 영업직원의 데이터 분석 역량이 필요하다. 간단히 할 수 있는 방법부터 소프트웨어 툴을 이용하는 것까지 다양한 방법을 활용해 데이터를 분석하는 역량을 길러보자. 콜드 콜을 하기 전에 미리 준비하고, 지속적으로 분석하는 습관을 들여야 한다.

데이터를 통합하면
구매 패턴이 보인다

대량의 데이터를 관리하려면 산재한 고객 데이터를 통합해야 한다. 전체를 관리해야 개인화된 고객 경험을 제공할 수 있기 때문이다. 고객에게 일대일 맞춤 프로그램을 개발하여 제안하고, 메시지를 전달하고, 질문에 응대하기 위해서 고객 데이터는 통합, 관리되어야한다.

통합 관리는 쉽지 않다. 웹사이트, 앱, 라이브 채팅에서 수집된 고객의 행동 데이터와 이커머스, POS 시스템의 고객 거래 데이터, 고객의 이름, 생년월일, 주소의 인구 통계 데이터 등 고객에 관한 데이터가 이메일, 소셜미디어, 이커머스 등 다양한 시스템에 분산되어 있기 때문이다. 기업은 대부분 이 데이터를 이메일 서버, 소셜미디어 서버, 이커머스 서버 등에서 독립적으로 운영하고 관리한다.

고객은 자신이 어떤 곳에 데이터를 만들어놓았는지 알 수 없다. 아니 관심도 없다. 자신이 거래하는 기업의 시스템 곳곳에 다양한 데이터를 남길 뿐이다. 개인화된 고객 서비스를 경험한 고객은 자신이 어디에 데이터를 남겨놓았든, 그 데이터를 바탕으로 기업 혹은 영업직원이 자신에게 맞는 개인화된 서비스를 제공하기를 기대한다. 기업은 통합된 플랫폼에서 고객 데이터를 관리해야 하고 마케터와 영업직원은 이를 기반으로 맞춤형 메시지와 제안을 제공해야 한다.

기업 내의 모든 고객 데이터를 한 곳에서 관리하는 소프트웨어 플랫폼을 고객 데이터 플랫폼, 즉 CDP(Customer Data Platform)라고 한다. 여러 소스에서 온 자사의 고객 데이터를 수집 및 통합하여 각각의 고객에게 일관성 있는 단일 뷰를 제공하는 소프트웨어 플랫폼이다.

최근의 고객은 다양한 채널을 통해 동적으로 기업과 상호작용을 한다. 이메일, 소셜미디어, 라이브 방송의 댓글과 매장의 POS 단말기, 온라인 쇼핑 주문 등을 통해 정보를 기업의 시스템의 어딘가에 남긴다. 고객 데이터 플랫폼은 이 데이터를 수집하여 표준화한다. 통합된 데이터를 개별 고객 ID와 일치시켜 개별 고객 프로필로 결합한다. 상호작용한 모든 데이터를 수집하고, 개별 고객의 것으로 나누어 각 고객의 데이터를 통합한다.

개인화된 메시지를 제공하기 위해서는 그 고객에 대한 완전한 단일 뷰의 데이터베이스를 만들어야 한다. CDP의 첫 번째 중요한 역할이다. 이 통합된 데이터가 없으면 그 이후의 분석과 사용은 아무 의미가 없다. 고객에게 나간 메시지는 고객 경험과 상관없는 내용일 것이며, 이를 받는 고객의 마음은 떠날 가능성이 높다.

수집되고 표준화된 통합 데이터는 고객 세분화와 분석 및 예측을 통해 잠재고객을 발굴하고, 개인화된 메시지를 제공하고, 오퍼링의 맞춤형 소통을 가능케 한다. 이 데이터가 마케터와 영업직원이 고객 경험을 높이고 매출을 올리는 총알이 된다. CDP를 통한 이 프로세스는 지속적이고 발전적으로 진행된다. 다양한 소스에서 새로운 데이터를 확보하고, 표준화하고, 고객과 결합하고 분석하여 개인화된 메시지를 제공하여 고객을 만족시키고, 궁극적으로 매출과 이익을 창출한다.

보스턴컨설팅그룹의 최근 보고서는 이러한 고객 데이터 플랫폼을 통해 고객 데이터를 통합하여 고객 경험을 높이고 매출을 올리는 데 성공한 몇 가지 사례를 제공했다. 한 자동차 회사는 출고 후 첫 AS 서비스 계약을 위해 판매 대리점에 다시 방문하는 신차 소유주 수를 10% 늘리려는 목표를 세웠다. 이 목표를 달성하기 위해 고객 데이터 플랫폼을 사용하기로 결정했다.

먼저 고객의 이름, 주소, 연락처와 같은 인구 통계 데이터와 라이

프스타일 데이터를 차량별 정보(원격 측정 장치의 데이터 포함)와 결합한다. 이 작업을 통해 고객에게 필요할 것으로 예상되는 개인 맞춤형 서비스, 예를 들면 오일 필터 교체나 액세서리를 제안함으로써 고객의 방문 수를 높이는 활동을 시작했다고 한다.

소매업체 한 곳은 고객의 매장 내 구매 금액과 인구통계 정보, 개인의 채널 선호도 등의 데이터를 통합 분석하여 개인 타깃의 캠페인을 실행했다. 그 결과 매장 내 고객의 평균 구매 금액을 15%나 올렸다고 한다.

한 항공사는 자체 웹사이트로부터 추출한 고객 예약에 관한 실시간 데이터와 여행사 데이터를 통합했다. 고객의 여행 횟수와 위탁 수화물 수 같은 과거 데이터를 분석하여 항공 외에 호텔이나 렌터카 예약 가능성이 있는 고객을 추출하여 그들에게 개인화된 호텔과 렌터카 예약 오퍼링을 제안했다. 결과는 기존의 호텔과 렌터카 매출에 두 배에 달하는 실적을 달성했다.

데이터를 수집하고 통합하는 것은 마케팅과 영업이 함께 수행해야 하는 일이다. 원활히 협업해야 고객 경험과 매출 상승이라는 두 마리 토끼를 함께 잡을 수 있다.

인력시장도 새로운 변화를 맞고 있다
_ HR컨설팅기업 대표파트너

Q "2020, 2021년에 많은 기업이 코로나19로 힘든 시간을
보냈는데요. HR컨설팅은 인재를 기업에 추천하는 헤드
헌팅 업무가 주 사업이니 쉽지 않았을 것으로 생각됩니
다. 대표파트너로 있으니 회사의 매출과 이익에 매우 민
감할 수밖에 없을 것 같은데, 사업은 어땠는지요?"

A "코로나19가 들이닥친 2020년 초만 해도 올해는 사업에
대한 기대를 접어야겠다고 마음을 비웠던 것이 사실입니
다. 사람을 만나지도 못하는데 인재를 추천하고 취업시
키는 것이 되겠습니까? 더구나 우리는 기업의 임원이나
경영진을 헤드헌팅하는 일을 하고 있으니 당연히 어려
울 것이라 생각했습니다. 그런데 정반대였습니다. 2020,
2021년에 본사는 매년 두 배씩 성장했고 한국지사도 그
만큼 성장해서 우리에게 아주 좋은 두 해였습니다."

Q "의외네요. 코로나19로 네이버, 카카오 같은 디지털 기업들이 특수를 누린 것은 알았는데 헤드헌팅 사업도 그랬다니 놀랍네요. 코로나19 때문인가요? 아니면 근본적인 변화가 일어난 건가요?"

A "코로나 특수라기보다 인력시장에 새로운 변화가 일어나고 있는 것으로 보입니다. 산업에 큰 변화가 일고 있지 않습니까? 디지털 트랜스포메이션이라는 거대한 물결이 코로나와 상관없이 밀려들어왔고, 새로운 리더들이 필요해졌습니다. 디지털 인재, ESG 인재, 탄소중립 인재들이요. 그러다 보니 우리 같은 글로벌 헤드헌팅 기업이 필요했던 것 같습니다.

첫째는 디지털 혁신의 시기가 온 것 때문이고요. 둘째는 인수합병이 많아진 이유인 것으로 보입니다. 산업의 큰 변화가 일어나자 기업이 생존하기 위해서 한 선택이었겠지요. 인재들의 이동이 잦아지면서 저희가 할 일이 많아졌습니다. 또 하나의 변화는 디지털 인프라의 발전으로 재택근무가 가능해지다 보니 자유롭게 이직하는 사람이 많아졌습니다. 이렇듯 디지털 트랜스포메이션이라는 거대한 시장의 변화에 따라 데이터, 반도체, AI 전문가 같은 사람들에게 많은 기회가 열린 것 같습니다."

영업은 이렇게 합니다

헤드헌팅 기업이 특수를 맞이했다. 코로나 때문에 생긴 변화가 아니다. 전 세계적인 팬데믹은 촉매제의 역할을 했을 뿐이다. 디지털 트랜스포메이션 시대에 데이터와 AI에 대한 수요는 인력의 변화에서도 느낄 수 있다. 우리가 겪고 있는 디지털 트랜스포메이션은 산업 전반에 대단한 변화를 촉발시켰다. 다만 사람 간의 관계를 맺는 것부터 시작하는 영업은 보수적인 탓에 변화를 미루어왔는데, 결국 변화의 소용돌이 한가운데 들어와 있다. 여기서 생존하기 위해서는 그 소용돌이 속으로 거침없이 들어가야 한다. 데이터를 분석하고 AI를 사용할 줄 알아야 한다.

HUMAN TOUCH
+
DIGITAL
=
HYBRID SALES

2013년에 개봉한 영화 〈Her〉의 배경은 2025년이다. 인간과 AI의 사랑 이야기를 풀어내 가장 독창적인 로맨스 영화라는 칭찬을 받으며, 이듬해에 아카데미 각본상과 골든 글로브 각본상을 수상한 수작이다. 이 영화의 배경 연도까지 얼마 남지 않았다. AI가 현실 세계에서 우리와 함께하고 있고, 이제는 영업 현장에서도 AI가 현실이 되어가고 있다.

영업에서 AI는 어떻게 쓰이고 있을까? 미국의 한 컨설팅 리포트에 의하면 B2B기업이 AI를 영업에 활용했더니 통화 시간을 60~70% 줄일 수 있었고, 영업기회는 50% 이상 증가했다고 한다. 대형 장난감 소매업체는 AI와 머신러닝을 이용하여 온라인 쇼핑몰 장바구니의 포기율을 30%나 줄일 수 있었다. AI는 데이터의 분석과 제언을 담당하고, 이를 기초로 영업직원은 결과물을 확인, 검증, 판단, 실행하게 된다. AI는 인간과의 협업을 통해 그 가치를 배가시킨다.

PART 5

이기는
영업조직을
위한 툴

_AI 영업역량(AI Selling)

13

통화 시간은 줄이고
영업기회는 늘린다

AI란 인간의 지능으로 할 수 있는 사고, 학습, 자기계발 등을 컴퓨
터가 하도록 연구하는 컴퓨터 공학 및 정보기술의 한 분야이다. 인
간의 자연 지능에 대비되는 기계, 즉 컴퓨터에 의해 수행되는 지능
을 말한다.

1956년에 AI라는 용어를 처음 사용한 존 매카시 교수는 "AI는 인
텔리전트한 기계를 만드는 과학과 공학이다."라고 정의했다. 컴퓨터
가 사고하고, 학습하고, 진화하는 인간의 지능과 행동을 모방하는 것
을 연구하는 학문이자 컴퓨터가 알고 있는 것을 기반으로 합리적으
로 행동하고 학습하는 IT시스템이기도 하다.

삼성전자의 AI인 '빅스비'와 애플의 AI인 '시리'에게 문의하면 날씨도 알려주고 전화도 걸어준다. 그들은 카카오톡 메시지와 문자 메시지의 내용을 말로 알려준다. 보험회사 고객센터에 전화하면 AI가 문제를 해결해주기도 한다. 기업에 입사지원서를 내면 AI 면접관이 면접을 보는 기업도 늘고 있다. 자연언어 처리, 전문가 시스템, 컴퓨터 비전, 머신러닝, 딥 러닝, 신경망 등과 같은 AI 기술이 우리의 일상생활에 스며들어왔고 지속해서 늘고 있다.

2018년 미국의 한 설문조사에 의하면 글로벌기업 경영진의 86%는 영업, 마케팅, 홍보 전반에 걸쳐 AI가 기업의 생산성에 도움이 되는 것을 확인했다. AI는 방대한 양의 데이터인 정형과 비정형 데이터를 분석하여 정보로 바꾼다. 영업 측면에서 AI는 고객과 고객의 판매 관련 빅데이터를 효과적인 영업 전략과 전술을 개발하기 위한 지식으로 전환시킨다. AI는 영업 행동과 패턴, 영업 전략과 전술, 영업 생산성, 영업조직관리 등 다양한 측면에서 영업을 지원하고 있다.

행정업무로부터 해방되다

AI에 대한 개념과 정의는 여전히 진화하고 있다. 그 쓰임새가 무궁무진하기 때문이다. 영업의 다양한 분야에서 AI는 문제해결과 추론, 머신러닝 기능을 수행하고 있다. 또한 어떤 분야에서는 영업직원이 AI와 함께 업무를 수행하고, 어떤 분야에서는 AI가 독자적으로 영업 업무를 수행하기도 한다. 어떤 분야에서는 영업직원이 AI의 도움을 받아 의사결정을 하고 영업 활동을 진행하기도 한다. 몇 가지예를 들어보자.

첫째, AI는 영업기회를 발굴하고 계약 가능성을 판단하여 승률을 높이는 데 기여한다. 시장의 급속한 변화와 경쟁 심화는 영업직원이 달성하기 어려운 매출과 이익 목표를 맞닥뜨리게 한다. AI 기반 영업 툴은 고객 데이터와 상황을 분석하여 가능성 있는 영업기회를 발굴하도록 도와주고, 궁극적으로 승률을 높여 목표를 달성하도록 지원한다.

둘째, AI 영업 툴은 디지털 콘텐츠의 고객 선호도를 평가하고 고객이 콘텐츠에 참여하도록 지원한다. 다양한 측정 항목을 통해 콘텐츠 제작자에게 피드백을 주는 등 제대로 된 디지털 콘텐츠가 제공되도록 도와준다. AI는 고객에게 제공될 콘텐츠를 철저하게 관리해 그가치를 높이는 일을 한다.

셋째, AI는 영업직원의 교육과 코칭의 툴로서 역할을 한다. AI와머신러닝 툴은 효과적이고 효율적인 개발 툴로서 학습 경험을 높이도록 지원한다. AI를 기반으로 한 교육 툴은 각 영업직원에 맞게 교육프로그램을 만들어준다. 이를 통해 신입직원 영업교육, 제품 교육,

커뮤니케이션 교육 등을 맞춤형으로 수행한다.

넷째, AI 영업 툴은 반복적인 행정업무를 자동화한다. 최근의 한 연구에 의하면 영업직원은 자신의 업무 중에서 34%만을 영업 본연의 활동에 쓰고, 나머지는 기타 행정업무에 쓴다고 한다. AI는 영업직원의 루틴한 작업을 자동화하고 영업직원이 본 업무에 전념할 수 있도록 지원한다.

AI 툴들은 분석, 소통, 교육 훈련 등을 가능한 한 자동화하는 방향으로 진화하고 있다. 영업직원의 채용, 고객 콜 분석, 대화형 AI, 고객센터 챗봇, 자동화 회의 스케줄링, 판매실적 분석, CRM 자동화, 영업 지원 및 코칭 등 다양한 분야에서 인간이 관여하지 않고, 영업직원이 영업 활동에만 충실하도록 개발되고 있다,

고객의 소리를 듣는 새로운 방법

CRM 툴 기업인 세일즈포스는 2020년 〈세일즈 리포트(State of Sales Report)〉에서 AI가 실제로 영업의 어떤 부분에 도움을 주는지를 조사했다. 이 조사에 의하면 AI는 '고객의 니즈를 이해'하는 데 가장 큰 도움을 준다. 그다음으로 고객의 니즈를 예측하고, 영업직원의 영업 활동을 파악하고, 경쟁사의 동향을 분석하고, 영업기회를 파악하

며, 영업직원이 시간을 더 잘 활용할 수 있게 하고, 개인화된 메시지를 개발하도록 돕는다는 항목들이 뒤따른다.

AI는 영업의 효율성과 효과성에 기여하고, 영업직원의 업무 일부를 대체하기도 하고, 영업직원이 영업 활동에 매진할 수 있도록 지원한다. 다양한 분야에서 AI는 영업직원을 지원하고 있으므로 조직과 영업직원 모두 AI 툴을 적극 활용할 수 있도록 역량을 키워야 한다.

14

영업인이 꼭 알아두어야 할
AI 사용법

영업 단계별로 AI와 영업직원이 어떻게 협업하는지 살펴보자. 고객의 구매 과정과 영업직원의 판매 과정은 사실 한 프로세스이다. 고객의 구매 과정별로 영업 단계, 즉 영업직원의 판매 과정이 따라와야 한다. 고객의 행동에 따라 영업직원의 접근이 이루어져야 궁극적으로 계약이 완성되고 매출이 일어난다. 따라서 고객의 구매 과정과 영업직원의 판매 과정은 동시에 발생한다. 이러한 영업 단계에는 일곱 가지 단계가 있다. 잠재고객 발굴, 접촉 계획의 수립, 접촉, 제안, 반론 극복, 판매 종결, 사후관리 단계로 진행된다.

첫째, 잠재고객 발굴 단계는 목표 고객을 선정하는 타깃팅 작업을 해 잠재고객을 발굴하고 실제로 구입할 가능성이 있는가를 평가하여 선별하는 단계이다. 이 단계에서 AI와 영업직원은 어떤 협업 활동을 할까? AI는 고객의 이메일과 소셜미디어 콘텐츠, 전화, 사진, 화상통화 등 수많은 정형, 비정형 데이터를 분석하여 고객의 관심 키워드와 주제를 도출한다. 이를 바탕으로 예측 알고리즘을 통해 구매 가능성이 높은 잠재고객을 발굴한다.

영업직원은 AI가 생성한 잠재고객 목록을 해석하고 잘못된 것을 확인한다. 예측 알고리즘으로 추출된 목록을 인간의 경험과 직관으로 평가하는 것이다. AI의 머신러닝 기능은 AI의 분석과 영업직원의 평가에 대한 지속적인 업데이트로 분석 단계의 효과성을 학습한다.

둘째와 셋째, 즉 접촉 계획의 수립과 실제 접촉 단계에서는 잠재고객의 정보를 수집하고 방문 계획을 세우고 실제로 접촉하는 단계이다. 이 단계에서 AI는 고객과의 미팅 일정을 잡고 이메일을 주고받는 일상적인 루틴 업무를 자동화한다.

취득한 정보를 바탕으로 고객 개개인에게 최적화된 메시지와 콘텐츠를 제공하고 자료를 수집, 분류하는 업무를 수행한다. 챗봇 등을 통해 고객 응대를 자동화할 수도 있다. 영업직원은 AI가 수행한 맞춤형 메시지와 콘텐츠가 제대로 되었는지, 수집되고 분류된 자료에 문제가 없는지 모니터링하고, 챗봇을 통해 전달된 이슈 중 복잡한 것을 직접 담당하거나 챗봇이 관리하도록 넘기는 일을 한다.

서비스맥스(ServiceMax)라는 소프트웨어기업은 AI를 통해 웹페이지 방문자를 분석해 고객이 관심 있는 분야의 정보를 추천해서 사이트 이탈율을 70% 감소시키고 체류 시간을 두 배 연장시켰다. 결과적으로 AI를 통해 제품 시연 문의가 급증했다. AI가 잠재고객을 발굴하고 제품 시연까지 연 사례이다. 고객 접촉을 늘려 다음 단계인 제안과 계약으로 가는 길을 효율적으로 열었다.

넷째, 제안 단계는 고개의 니즈를 파악하고, 고객의 문제를 해결함으로써 솔루션을 제안하는 본격적인 과정이다. 이 과정을 통해 궁극적인 계약에 이른다. 제안 단계에서 최근의 AI 기술 중 슬라이드봇을 활용할 수 있다.

PT 자료의 주요한 아이디어와 메시지를 인식해 최고의 PT 자료를 제공하는 데 일조하며, 자연언어 인식, 컴퓨터 비전, 음성 인식 등의 머신러닝 기술은 제안 발표자와 고객인 청중의 말, 목소리, 어조에 대한 감정 분석을 실행해 즉각적인 피드백을 제공한다. AI를 이용해 PT 자료의 퀄리티를 끌어올릴 수 있고, 제안 발표 현장에서 고객의 감정을 분석하여 제안 전략을 즉각적으로 수정할 수도 있다.

다만, AI만으로 고객의 마음을 사로잡을 수는 없다. 제안 단계에서 영업직원은 고객과 신뢰관계를 형성하고 있어야 하며, 친근감이 신뢰로 연결되는 라포(Rapport, 두 사람 사이의 공감적인 인간관계 또는 친

밀도)를 만들어야 한다. 공감하고 신뢰를 쌓고 고객을 설득하는 것은 영업직원의 역할이다. AI와 영업직원이 그 어느 단계보다 협업을 잘 하여야 한다.

다섯째 반론 극복 단계와 여섯째 판매 종결 단계에서 AI는 고객의 반론 내용, 표정, 몸짓을 분석해서 구매하려고 하는 반론인지 혹은 반론을 위한 반론인지 구매 의사를 확인한다. 경쟁 정보를 수집하고 분류하여 가격 제안에 응용하기도 한다.

제안 단계와 마찬가지로 반론을 극복하고 종결하는 단계에서는 영업직원의 협업이 중요하다. 영업직원은 제품과 솔루션의 장점을 설득하고 지속적으로 라포와 신뢰를 형성해야 한다. 공감을 기반으로 한 대면 질의 응대 역시 영업직원이 해야 할 일이다. AI 기술을 통해 고객의 의중을 파악한 뒤 영업직원의 진정성, 신뢰, 설득력 있는 소통이 함께해야 이 단계의 협업 효과가 극대화된다.

일곱째, 사후관리 단계이다. 계약 후 사후 지원 단계로 이때 평생 고객을 만들 수 있다. 새로운 상품 개발과 전략 수립에서도 매우 중요한 단계이다. 이 단계에서 AI는 일상적인 주문과 배송 업무를 자동화할 수 있다. 배송 현황 공지 업무 자동화, 챗봇을 통한 배송 상황 모니터링 등 영업직원이 본연의 업무를 할 수 있도록 AI가 루틴한 업무를 수행한다. 아울러 챗봇이 구매 이후에 신규 영업기회 창출과 관련된 일을 수행할 수 있다.

챗봇이 고객과 소통하여 구매 경험과 차후 구매 계획에 관해 알아낼 수 있고, 고객의 데이터를 분석하여 이번 구매로 해결되지 못한 니즈를 찾아낸 후 업셀링과 크로스셀링을 하기도 한다. 하얏트호텔은 AI를 이용해 숙박 고객의 과거 이력을 분석해 비슷한 이력을 가진 고객에게 룸 업그레이드를 제안했더니 매출이 60% 증가했다.

영업직원은 AI의 사후 지원 업무를 모니터링하고 고객 관리하는 데 집중해야 한다. 또한 AI가 추천한 업셀링, 크로스셀링의 진위 여부를 확인해야 한다. 영업 단계는 영업의 시작과 끝을 이루는 과정이다. 각 영업 단계에서 AI가 깊게 이용되는 단계도 있고 그렇지 않은 단계도 있다. 어느 단계이든 AI만으로 고객의 만족을 끌어내기는 힘들어 보인다. 영업직원은 AI와 충분히 협업해야 고객의 마음을 가져올 수 있다.

AI 영업교육
: RNMKRS 세일즈 트레이닝 프로그램

나는 IBM에서 처음 영업 경력을 쌓기 시작했다. 당시에 IBM은 영업직원의 사관학교라는 별명이 있을 정도로 영업교육에 투자를 많이 했다. 나도 입사해서 거의 1년 동안 영업에 관한 밀도 있는 교육을 받았다. 그중 기억나는 교육이 '역할극(Role Play) 교육'이었다.

당시 IBM 신입 영업직원은 교육이 끝나면 바로 고객을 응대했기 때문에 현장 경험이 필요했다. 미리 현장 경험을 할 수 없어서 역할극 교육을 실시했다. 영업 현장에서 5년 이상 근무한 선배 영업직원이 고객 역할을 맡고, 신입사원들은 그 가짜 고객과 미팅해서 결국 계약을 받아내는 미션을 수행한다.

이 가짜 고객은 현장에서 고객을 수없이 응대했기 때문에 신입사원이 감당할 수 없는 고객 패턴을 보여주었고, 이때 반론을 극복하는 태도와 영업 자세 등을 경험했다. 현장에 준하는 좋은 경험이었고, 이후 고객을 만났을 때 정식 영업교육만 받았던 것보다 훨씬 유연하게 대처할 수 있었다. 그런데 요즘은 과거의 IBM처럼 영업직원에게 많은 시간을 투자하기가 어렵다. 저성장과 치열한 경쟁 속에 하루라도 빨리 영업직원을 현장에 내보내야 하기 때문에 특히 역할극 같은 교육은 불가하다.

흥미롭게도 AI를 이용한 역할극 영업교육 프로그램이 잘 진행되고 있는 사례가 있다. 미국과 캐나다, 독일 대학이 참여하는 'RNMKRS 세일즈 트레이닝 프로그램'이다. 이 프로그램에 참여하는 학생들은 영업직군으로 진로를 선택한 학생들로, AI 고객 챗봇인 '알렉스 테일러'와 대화하면서 연습하고 학습한다. 가상의 고객인 알렉스와 역할극을 통해 영업 현장을 연습하는 것이다. 알렉스는 이러닝 (e-Learing) AI 챗봇이다. 목소리 기반의 음성 인식 AI로, 현재까지 6만 명이 넘는 학생들이 역할극을 수행한 데이터를 기반으로 지금도 진화하고 있다.

알렉스를 통한 역할극은 참여하는 학생당 100회 이상 수행되며, 참여 학생은 역할극에 대한 피드백을 개인별로 받는다. 영업 단계를 따라 고객 접촉은 잘 수행했는지, 제안 혹은 발표는 잘 되었는지, 클

로징은 잘했는지, 반론 극복은 원활하게 되었는지, 공감 표현을 포함한 소통 스킬 등에 대한 피드백을 받는다.

AI 챗봇은 학생의 백그라운드에 관한 정보는 모른다. 매회 진행하는 역할극에 대해 채점할 뿐이다. 교수진은 학생들의 역할극에 대한 평가 피드백을 적절히 제공하여 학생들의 영업역량이 발전될 수 있도록 돕는다. 학생들은 역할극에 참여하는 횟수가 많아질수록 영업에 대한 자신감과 관심이 커져간다. 프로그램의 코치들은 학생의 역할극 연습 횟수가 많아질수록 학생들의 성과도 더욱 높아진다고 말한다.

매 학기 60여 개 대학에서 3,000명 이상의 학생이 참여하고 있고 5만 회 이상의 역할극이 실시되고 있다. 학생과 교수진, AI 챗봇 알렉스가 이 프로그램을 통해 모두 배우고 연습하고 진화하는 것이다. 또한 이 프로그램에 참여하는 학생들은 봄과 가을에 전 세계적으로 '세일즈 경쟁대회'에 참여한다. 2020년 가을에는 59개 대학의 2,177명의 학생이 이 경쟁대회에 참여해 4만 6,000개 이상의 연습 역할극을 완료했다.

모든 역량은 강의실과 현장에서 함께 개발되어야 한다. 그중에서 영업은 현장이 더욱 중요하다. 강의실에서만 개발해서는 영업역량을 발전시키기 어렵다. 현장에서의 경험을 AI 챗봇을 통해 쌓을 수 있다는 것은 AI를 영업에 이용하는 매우 좋은 사례이다. AI 챗봇도 진화하고, 이에 따라 영업직군을 희망하는 학생의 역량도 진화한다. 알렉스 같은 AI 챗봇이 대학에서뿐만 아니라 신입 영업직원의 역량 개발에도 이용된다면 현장에 나가기가 못내 두려운 직원들의 사기를 올리고 자신감을 키워줄 것이다.

IQ보다 EQ 높은 영업직원이 더 잘해요
_ 의료기기 기업 CEO

Q "사장님, IQ 높은 영업직원과 EQ 높은 영업직원 중 누가 더 영업 성과를 잘 낼까요? 사장님은 영업으로 경력을 쌓아왔으니 경험도 풍부하고, 많은 영업직원을 상대해서 이에 대한 생각이 있으실 것 같은데요. IQ(Intelligence Quotient)는 지능지수이고 EQ(Emotional Quotient)는 정서지능(Emotional Intelligence) 혹은 감성지능이라고 공감하는 능력을 말하잖습니까?

한동안 한국에도 붐이 불어서 학부모들이 정서지능을 높이기 위한 교육열이 대단했지요. 참을성 있고 상대를 배려하는 마음을 가진 아이로 키운다고 관련된 학원이 성업을 이루었던 적도 있었고요. 산업마다 조금씩 다를 수 있겠지만 대개 이 부분에 대한 의견은 비슷할 것 같습니다. 사장님 생각은 어떤지요?"

A "정서지능이 높은 영업직원이 일을 더 잘하는 것 같습니다. 물론 고객에게 제대로 된 제안을 하려면 똑똑해야 하지요. 그런데 고객 입장에서 생각할 줄 모르면 고객의 니즈를 알 수 없고 제대로 된 제안도 불가합니다.

제가 겪은 영업직원들 중에 정서지능이 높은 영업직원은 상대방 입장에서 생각을 많이 합니다. '내가 고객이라면 어떨까?', '고객이 어떻게 하면 성공할까?'를 고민하니 제안이 좋을 수밖에 없지요. 자기만 생각하다 보면 고객이 신뢰하지 않고 고객은 그런 영업직원과 장기적인 관계를 맺으려고 하지 않습니다.

더구나 요즘 고객은 젊어졌어요. 그들은 공감이라는 키워드에 익숙합니다. 감정이입이 잘 되지 않는 영업직원, 영악해 보이는 영업직원을 별로 좋아하지 않습니다. '돈쭐(돈으로 혼쭐낸다는 뜻으로, 타의 귀감이 된 가게의 물건을 팔아준다는 역설적 의미) 낸다.'는 말처럼 음식점의 맛만큼이나 사장의 인간성과 성품이 중요한 세상이니 이제는 영업직원에게 감성적인 역량이 더 중요해진 것으로 보여요. 저도 영업직원을 채용할 때 이런 부분을 많이 고려합니다."

Q "정서지능은 과거에도 영업직원의 중요한 역량이었지만 지금은 그 중요성을 더 보편적으로 느끼는 것 같습니다.

정서지능의 특징 중에 참을성이라든지, 상대와의 관계를 잘 관리하는 능력도 포함되거든요. 고객이 뭐라고 하든 멀리 보고 인내하고, 고객과의 관계를 잘 관리하기 위해 당장 손해도 좀 감수하고요."

A "그렇지요. 고객과의 관계를 잘 맺고 유지하기 위해 당장 손해를 감수할 수 있는 지혜가 영업직원에게 필요하지요. 고객의 니즈를 찾아내고 적합한 해결책을 제안할 줄 알아도 자기 입장에서만 주장하면 고객도 얘기하려 하지 않아요. 고객 입장도 생각하고 자기 입장과 회사의 입장도 고려하는 정서지능이 높은 영업직원이 필요한 세상입니다.

게다가 정서지능이 높은 영업직원이 내부 직원들과의 관계도 좋은 편입니다. 제안서를 한 장 쓰더라도 다른 부서와 협업이 중요하지 않습니까? 머리 좋은 영업직원보다 공감 잘하는 영업직원이 이 부분에서도 더 뛰어난 것 같습니다. 더구나 이제는 대형 고객을 담당하든, 소규모 고객을 담당하든 디지털 툴을 이용해서 비대면 소통을 해야 할 때가 많기 때문에, 고객의 마음을 읽고 대처해나가는 능력이 더 중요해졌습니다.

지능지수가 높은 영업직원이 성과를 잘 내는지, 정서지능이 높은 영업직원이 성과를 잘 내는지를 일대일로 비교하는 것은 옳지 않다. 다만 정서지능이 높은 영업직원이 고객을 지혜롭게 관리하고 팀과의 협업을 이끌어내고 사람들을 따르게 하는 것은 맞다. 테크놀로지가 점령한 이 시대에 영업직원의 정서지능은 직원의 성과 증진과 기업의 발전에 반드시 필요하다. 이를 통해 고객을 만족시키고 기업은 주주에게 더 많은 수익을 돌려줄 수 있다.

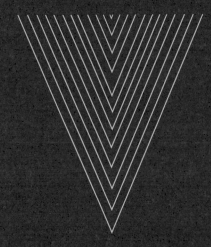

HUMAN TOUCH

+

DIGITAL

=

HYBRID SALES

고객은 신뢰하지 않는 공급자와 거래하지 않는다. 식당의 음식이 아무리 맛있어도 음식에 유해한 것을 넣었을지도 모른다고 의심하면 소비자는 그 음식점에 가지 않는다. 테크놀로지가 점령한 세상에서 고객은 진실된 인간관계를 맺는 영업직원을 간절히 원한다.

똑똑한 영업직원은 필요하고 중요하다. 그러나 감성 역량은 디지털 시대에 더욱 중요한 덕목이 되었다. 이제 감성 역량 중의 하나인 정서지능의 세계도 눈여겨봐야 할 때가 왔다. 영업리더는 정서지능이 높은 영업직원을 채용하고 정서지능을 높이기 위한 개발과 육성에 전념해야 한다. 영업직원은 자신의 정서지능을 높이기 위해 더욱 노력해야 한다. 디지털 트랜스포메이션 시대에 고객의 마음을 사로잡고 공감하는 영업직원만이 살아남을 수 있다.

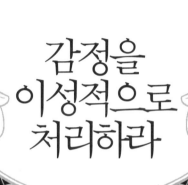

PART 6

감정을
이성적으로
처리하라

_정서지능 영업 역량(EI Selling)

15

정서지능이 좋은
영업직원의 특징

한 고객이 있었다. 그 고객은 주요 의사결정자이다. 이 고객만 설득하면 구매 의사결정은 일사천리로 진행된다. 그런데 이 고객은 영업직원을 만나면 한 시간 동안 불만만 이야기한다. "왜 제품의 성능이 안 좋습니까?", "당신네 회사의 관리자는 왜 코빼기도 안 보이나요?", "왜 이렇게 납기를 못 맞추나요?", "이 회사의 제품은 디자인이 왜 이러죠?" 등등이다.

10년 전 영업 담당자와 영업 관리자까지 들먹이며 그들이 잘못한 것까지 불만을 토로한다. 어느 누구도 그 고객을 만나고 싶어 하지 않았고, 새로 담당한 영업직원은 이전 영업직원으로부터 인수인계

받을 때 "그 고객은 피해 다니고 가능한 한 부딪히지 않는 게 좋아요!"라는 이야기를 들었다.

고객의 불만에 어떻게 대처할 것인가

새로운 영업직원이 이 고객사를 담당하게 되었다. 인수인계 때 이 고객을 피하라는 조언을 들었지만 이 고객을 해결하지 않고는 그해 매출목표를 달성하는 것이 쉽지 않다는 것을 인지했다. '그래. 이 고객이 큰 불만이 있어서 그러겠지. 나는 피하지 말고 이 고객의 불만을 끝가지 들어보자.'라고 다짐한다.

영업직원이 고객사에 갔다가 이 고객을 마주쳤다. 잠깐 보자고 하기에 마주 앉았다. 불만 토로가 시작되고 한 시간이 지났다. 10년 전 영업부장이 자기를 무시했다는 이야기까지 나왔다. 한 시간 반이 지났다. 우리 회사 사장님이 못생겼다는 이야기까지 나왔다. 두 시간이 다 됐다. '이제 못 참겠다. 그냥 일어날까?'라고 생각하는데, 그 고객이 말했다. "우리도 잘한 게 없어요. 고객이랍시고 우리 직원들이 갑질했으니 후안무치였지요." 그러더니 자아비판을 30분간 한다. 그러더니 "자, 이제부터는 다 같이 잘해봅시다."라고 하는 것이 아닌가?

두 시간을 참고 고객의 불만을 들었더니 10여 년간 해결하기 어려웠던 골치 아픈 고객이 잘해보자고 한다. 그 영업직원이 한 것은 두 시간 동안 불만을 들었고, "네, 그렇지요. 저희가 많이 잘못했네요."

라고 공감한 것밖에 없는데 말이다. 이후로 그 고객은 이 영업직원의 팬이 되었고 모든 결정은 일사천리로 진행되었다. 최소한 그 고객에게서 의사결정의 병목은 없었고, 어떤 결정은 그 고객이 나서서 이 영업직원을 돕기까지 했다.

이 영업직원은 정서지능이 높은 사람이다. 고객의 감정을 이해하려고 했고 고객의 입장에서 불만이 많을 수도 있다고 생각했다. 두 시간의 불만을 잘 참아냈다. 자기감정을 잘 조절한 것이다. 보통은 전화받는 척하며 자리를 떴겠지만 중간에 자리를 박차고 일어나지 않았다. 얼마 후에 그 고객이 다른 사람에게 한 이야기를 보면 왜 그가 이 영업직원의 강력한 스폰서가 되었는지 알 수 있다.

"새로 온 영업 담당자는 내가 10여 년 넘게 구매 파트에서 일하는 동안 처음으로 내 불만을 두 시간이나 들어주었어요. 그런 경우는 처음입니다. 보통은 내가 이야기하는 중에 자리를 뜨는데 말이지요. 괜찮은 친구입니다." 정서지능이 높은 영업직원은 두 시간동안 고객의 불만을 경청하는 별것 아닌 것만으로 한 해의 영업 목표를 달성하기도 한다.

대니얼 골먼의 정서지능

정서지능이란 지능지수인 IQ에 대비되는 용어로 EQ라고도 한다. IQ가 인간의 지적 능력을 대변한다면 정서지능은 인간의 감정에 대한 지능이라고 할 수 있다. 이 단어는 1995년에 뉴햄프셔대학교의 메이어 교수와 예일대학교의 샐로베이 교수가 학술논문에서 처음 사용했다. 이후 정서지능에 흥미를 느낀 심리학자이자 기자였던 대니얼 골먼이 1995년에 30여 개국에 500만부 이상 팔린 베스트셀러 《EQ 감성지능》을 출간하면서 세상에 널리 알려졌다. 대니얼 골먼은 정서지능을 다섯 가지 개념으로 설명했다.

첫째, 자신의 감정을 인식하는 것이다. 자아 인식은 정서지능의 기초이다. 자신의 감정을 인식하고 알아차리는 능력으로 자기 이해에 반드시 필요하다. 자기감정에 대해 확신을 가져야 감정을 조절하고 올바른 의사결정을 할 수 있다.

둘째, 자기감정을 조절하는 것이다. 자기감정 인식이 기반이 되어야 감정을 적절하게 조절하고 변화시킬 수 있다. 자신의 감정을 정확히 이해하면 스스로 위로할 수 있고, 걱정이나 우울, 초조감을 떨쳐버릴 수 있다. 이런 능력을 가진 사람은 좌절에서 빠르게 벗어날 수 있다.

셋째, 자기 자신에게 동기부여를 하는 것이다. 스스로 동기부여 하는 능력은 어려움을 참아내고 궁극적으로 성취하기 위해 노력하게 만든다. 목표를 달성하기 위해 참고 견디는 능력이다.

넷째, 상대방의 감정을 인식하는 것이다. 상대방의 감정을 자신의 것처럼 느끼고 상대방의 감정을 읽는 능력이다. 공감으로 표현하기도 하며, 이는 친화 지능이라고 할 수 있다.

다섯째, 대인관계를 관리하는 것이다. 관계를 잘 맺고 유지하는 것은 상대방의 감정을 잘 헤아려야 가능하다. 상대방의 감정에 적절하게 대처해나가는 능력이다. 이처럼 정서지능은 자신의 감정 상태를 알고, 동기를 부여하고, 좌절 속에도 밀고 나가며, 충동을 억제하고, 만족을 뒤로 미루고, 자기 기분을 통제하고, 타인과의 관계 형성에 신경 쓰고, 공감의 행동을 보이는 개인의 능력이다.

유혹을 이겨낸 아이들은 십 년 뒤에

대니얼 골먼은 유명한 '마시멜로 실험'을 소개해 정서지능의 단면을 보여주었다. 충동이라는 감정을 이해하고 통제하는 것이 미래의 성공에 어떤 의미를 부여하는지를 설명하는 실험이었다.

1960년대에 스탠퍼드대학교의 심리학자 월터 미셸이 네 살짜리 어린이들에게 "내가 지금 나갔다 올 텐데, 네가 그때까지 기다린다면 마시멜로를 두 개 주마. 만약 그때까지 기다릴 수 없으면 지금 한 개만 먹을 수 있단다."라고 제안한 후 통제력을 측정한 실험이다. 실험 결과 어린이들 중 3분의 1은 유혹을 참지 못했고, 나머지는 끝까지 참아 두 개의 마시멜로를 얻었다고 한다.

그로부터 10여 년이 지난 이후에 연구 결과가 나왔다. 유혹을 이겨낸 어린이는 유혹을 이겨내지 못했던 어린이에 비해 사회적응을 잘하고 있었고, 미국의 수능시험인 SAT 점수도 210점을 더 받을 정도로 극적인 차이를 보였다. 이 실험에서 감정을 통제하는 능력, 즉 정서지능이 높은 어린이가 학업에서도 IQ와 관계없이 탁월한 성과를 낸다는 것을 알게 되었다.

정서지능은 타고난 재능이 아니며 노력으로 개발할 수 있다. 지능지수와 달리 교육으로 습득할 수 있는 능력이다. 정서지능의 함양을 통해 탁월한 성과를 창출할 수 있고, 지속적인 발전이 가능하며, 행복한 삶을 살 수 있게 된다. 정서지능은 교육 부문뿐만 아니라 삶의 모든 분야에서 적용되는 공통의 역량이다. 영업직원에게 정서지능이 중요성은 두말한 필요가 없다.

성공하는 영업직원은 이렇게 감정을 처리한다

《하버드 감성지능 강의》에서 정서지능이 운명을 결정할 수 있는 네 가지 이유를 들었다. 첫째, 정서지능은 지능을 발휘하는 기초이다. 정서지능은 지능을 포함해 그 사람이 가진 능력을 최대한 발휘할 수 있는가를 결정하는 요소이므로 실제로 지능보다 더 중요하다. 둘째, 정서지능은 문제해결의 결과에 영향을 미친다. 정서지능은 복잡한 문제를 해결하도록 동기를 부여하고 문제해결에서 감정이 긍정적인 역할을 하도록 도와준다. 셋째, 정서지능은 감정을 조절한다. 정서지능은 자신의 감정을 이해함으로써 스스로 격려하고 고통, 좌절, 분노와 같은 감정들에 유연하게 대처하게 한다. 넷째, 정서지능은 동기부여 시스템이다. 정서지능은 동기를 부여함으로써 동력을 제공한다.

앞서 네 가지 요소는 성공적인 인생을 위해 중요한 항목이다. 지능과 능력을 발휘하고, 문제를 해결하고, 좌절을 극복하고, 동기부여가 된다면 그 삶은 충분히 가치 있지 않을까? 만약 영업직원이 이 네 가지 요소를 가지고 있다면 그 영업직원의 커리어도 충분한 가치가 있을 것이다. 성공하는 영업직원의 정서지능은 어떤지 좀 더 자세히 들여다보도록 하자.

영업직원의 정서지능이란 자신의 감정을 인식하고, 해석하고, 반응하고, 처리하여 고객의 감정적 반응에 영향을 미치는 능력이다. 정서지능이 높은 영업직원은 자기 자신을 관리하고 고객과 내부 직원, 협력사들과 관계를 관리하는 능력이 탁월하다. 정서지능이 높은 영업직원의 구체적인 행동을 대니얼 골먼의 다섯 가지 카테고리에서 생각해보겠다.

첫째, 자신의 감정을 잘 인식한다. 자신이 느끼는 것, 그렇게 느끼는 이유, 그래서 자신이 해야 할 일을 정확히 알고 있다. 자신이 고객에게 무언가를 말했을 때 어떤 영향이 미치는지를 안다. 자신의 약점이 무엇이고 이에 대한 대응법도 안다.

언제 말하고, 언제 들어야 하고, 언제 질문해야 하고, 언제 더 자세한 내용을 알아내야 하고, 언제 침묵해야 하고, 언제 논의에서 물러서야 하고, 언제 클로징을 해야 하는지, 누군가에게 책임을 전가할지를 알고 행동할 수 있다. 시시각각 변하는 영업 환경과 일순간 바뀔 수 있는 고객과의 상담 중에 어디에 집중하고, 어떻게 대응하고, 무엇을 해야 할지 안다.

둘째, 자기감정을 조절할 줄 안다. 자신의 느낌과 감정을 이해한 영업직원은 이 감정을 통제한다. 영업직원이 항상 고객의 의견을 받아들일 수는 없다. 고객에게 화내기도 한다. 다만 필요할 때 의도적으로 화내야 한다. 감정에 복받쳐서 화내봐야 거래와 관계를 망칠 뿐이다. 감정을 통제하는 상태에서 고객에게 불만을 제기하고 분노를 표출하는 것은 다분히 의도적이어야 한다. 정확히 상황을 파악하고, 자신의 감정을 아는 상태에서 내는 분노는 정서지능이 높은 영업직원의 훌륭한 영업 전략이 될 수 있다.

돌변하는 영업과 거래 환경에서 영업직원은 불안, 조바심, 두려움, 비합리적 의사결정, 자신감 부족, 이기주의에 빠지기 쉽다. 이러한 변수들은 거래를 방해하다 못해 잘못된 상황으로 이끌고 간다.

셋째, 스스로에게 동기부여 할 줄 안다. "오늘 고객과 계약이 막판에 잘못되었어. 고객이 무엇 때문인지는 몰라도 계약을 연기했고 이제는 내 전화도 받지 않아." 영업하는 사람이라면 숱하게 경험했을 상황이다. 오늘 지구가 멸망하는 느낌이어도 내일 아침에 눈을 뜨면 에너자이저가 되어야 한다. 정서지능이 높은 영업직원은 어제의 잘못은 잊고 오늘의 가능성을 향해 나아가는 낙천주의자이다.

대부분의 계약 프로세스는 길다. 영업기회를 발굴하고 계약까지 1년도 걸린다. 수많은 돌부리와 장애물이 앞에 있다. 하나하나 해결하고 앞으로 나아가야 한다. 참을성 있게 인내하고 맞아도 끄떡없는 맷집을 키워야 한다. 지난한 프로세스를 견디기 위해 스트레스 관리도 꾸준히 해야 한다. 계약마다 성취감을 충분히 느끼고 직무에 만족해야 한다. 스스로 동기부여 하는 일에 익숙한 영업직원이야말로 정서지능이 높은 영업직원이다.

넷째, 상대방의 감정을 인식할 수 있다. 고객이 하는 말을 진실되고 깊이 있게 경청해야 한다. 고객의 기분이 현재 어떤지를 파악하고, 이에 맞게 화술을 구사한다. 진정성 있고 신뢰할 만한 자세와 행동을 보여야 한다. 고객이 가치가 있다고 느끼도록 행동한다. 고객의 입장에서 느끼고 공감을 표현하는 노력을 기울일 수 있다.

역지사지(易地思之)라는 사자성어가 있다. 상대방의 처지나 입장에서 먼저 생각해보고 이해하라는 뜻이다. 고객의 감정에 공감하고 고객의 입장에서 생각하면 고객의 니즈를 쉽게 알아낼 수 있고, 니즈를 만족시킬 가치를 제공할 수 있다. 영업핵심역량 중에서 '고객이해역량'과 '가치제공 역량'을 가장 잘 해결해주는 정서지능의 특징이다 (p.119 영업핵심역량 참조).

다섯째, 대인관계를 관리할 줄 안다. 유능한 영업역량을 보유하기 위해서는 크게 두 분류의 역량을 가져야 한다. '고객관계 포커스' 역량과 '고객가치 포커스' 역량이다. 사실 유능한 영업직원이 되기 위해서는 이 두 가지 역량이 다 필요하지만 고객관계 포커스 역량이 먼저이다. 고객과 관계를 맺고 이 관계를 잘 유지한 이후에 고객의 니즈를 듣고 해결책을 제안하는 것이기 때문이다.

정서지능이 높은 영업직원은 고객과의 관계, 협력사와의 관계를 잘 유지할 줄 안다. 관계를 잘 유지하여 고객을 설득하고, 고객과의 갈등을 해소하고, 협력사와 팀워크를 만들고, 여러 부서와 협력사를 조화롭게 이끄는 리더십을 발휘한다. 관계를 잘 유지하기 위해서는 경청할 줄 알아야 하고 믿을 만해야 한다. 상대방에게 먼저 감사하는 마음을 가지고 표현할 줄 알아야 한다. 지금까지 정서지능이 높은 영업직원의 마음가짐과 행동을 정리해보았다.

영업조직에 한 가지 당부하고 싶은 것은 신입 영업직원을 채용할 때 정서지능에 대한 기준을 정해놓고 뽑는 것이 좋다. 물론 서류 전형과 면접만으로 단번에 파악하기 힘들다. 채용한 이후에 정서지능을 높이기 위한 교육을 진행하고 육성하면 된다. 정서지능은 타고난 재능이 아니며, 노력을 통해 이루어진다고 했다. 상급자는 영업직원에게 도전적인 목표를 부여하고, 영업직원은 자신의 정서지능을 높이기 위해 교육 개발에 참여하고 스스로 노력해야 한다.

16

7C는 정서지능에서
기인한다

많은 영업직원과 영업리더들은 지능지수보다 정서지능이 높은 영업직원의 가치를 더 인정하고 있다. 정서지능과 영업의 관계를 연구한 논문도 많다. 정서지능과 영업직원의 채용에 관한 연구, 정서지능이 높은 영업직원의 성과에 관한 연구, 정서지능과 고객 지향성과의 관계 연구, 정서지능과 영업리더의 성과에 관한 연구 등 영업과 정서지능의 긍정적인 관계에 관한 연구들이 발표되고 있다. 현장에서의 경험, 리더들의 견해, 연구 논문과 책에서 정서지능은 영업직원의 중요한 역량으로 주목받고 있다. 그렇다면 내가 연구한 영업핵심역량, 즉 7C는 지능지수와 정서지능의 어떤 부분에 더 기인할까?

영업핵심역량은 일곱 가지로 구성된다고 했다(p.119 영업핵심역량 참조). 일곱 가지 영업핵심역량이 각각 어느 지능에 기인하는지 정확히 구분하는 것은 쉽지 않다. 일반적으로 어느 지능에 가까운지 생각해 볼 수 있다. 흥미롭게도 정서지능에 더 가까운 역량이 세 개, 지능지수에 더 가까운 역량이 두 개, 모두 관련 있어 보이는 역량이 두 개이다.

정서지능을 높이면 매출은 따라온다

고객과의 '신뢰관계 역량'은 정서지능의 대인관계 능력이 주요하고, '승부사 정신'은 인내, 동기부여와 관련이 밀접하니 이 또한 정서지능에 가깝다. '감성의 정도'는 정서지능이 전부라고 할 수 있다. '창조적 사고' 역량을 통한 '가치제공' 역량은 지능지수가 높은 영업직원에게 유리할 것으로 보인다. 고객과 시장으로 가는 모든 길을 알고 장악하는 '판매경로 역량'은 대인관계를 기반으로 하니 정서지능도 중요하고 다양한 판매경로에 관한 공부와 분석도 필요하니 지능지수도 높아야 한다. '고객이해 역량'은 고객을 이해하려면 공부도 필요하고 고객의 마음도 알아야 하므로 둘 다 필요하다. 물론 모든 영업핵심역량들을 무 자르듯이 정확하게 나눌 수는 없다. 다만 여기서 우리가 생각할 수 있는 것은 영업핵심역량 전체 중에서 정서지능이 차지하는 비중이 크다는 것이다.

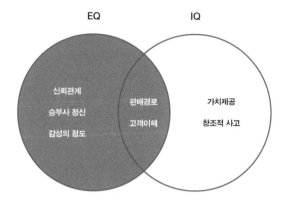

앞서 언급한 에피소드에서 새로운 영업직원은 잔소리가 많은 고객의 불만을 끝까지 들었다. 두 시간이나 얘기했으니 불평은 다 했을 것이고, 그러다 보니 자신의 반성에 이르게 된 것이리라. 영업직원은 고객의 마음을 읽고 이에 경청으로 반응했다. 좋은 관계를 유지하려고 오랜 시간 자기감정을 조절했고 공감의 표현을 중간마다 구사했다. 그랬더니 고객은 마음을 열었고, 마음속으로 영업직원을 받아들였다.

정서지능이 높은 영업직원이 고객의 마음을 연 것이다. 실적은 어땠을까? 거의 모든 영업기회가 계약으로 성사되었고 영업직원은 실적에 대한 스트레스가 없었다고 한다. 좋은 제안을 한 것도 아니고, 고객을 멋있는 곳에서 접대한 것도 아니고, 학연이나 지연을 이용한 것도 아닌데 성과는 무척이나 좋았다.

실적을 걱정하지 않는 회사

미국의 부동산중개회사와 보험회사 영업직원을 대상으로 실행한 한 연구는 정서지능이 높은 영업직원이 성과가 높다는 것을 증명했다. 아울러 정서지능이 높은 영업직원이 매출만 높은 것이 아니라 고객이 떠나지 않게 잡아두는 능력도 뛰어나다는 것을 밝혔다. 발굴한 고객을 곁에 두고 지속적으로 매출을 끌어내는 능력까지 가진 것이다. 또한 정서지능이 높으면 고객 지향적이고 고객의 의사결정에 긍정적인 영향을 미친다는 결과도 밝혀냈다. 영업핵심역량 중 가치제공 역량을 의미한다.

영업직원의 고객이해 역량과 가치제공 역량을 개발하는 교육도 중요하지만, 정서지능이 개발되어야 더 효과적으로 고객에게 영업핵심역량을 구사하고 결과적으로 성과를 크게 낼 수 있다. 영업직원의 정서지능은 기업이 성과를 내기 위해 중요한 요소이며, 그러다 보니 영업역량에서도 반드시 필요한 항목이다. 정서지능이 높은 영업직원을 채용하고 정서지능을 높이기 위한 교육과 개발에 기업이 투자해야 하는 이유이다.

이 연구가 흥미로운 것은 정서지능이 높은 영업직원은 영업적인 효과 외에도 직원과 직속 관리자와 원활하게 소통하고, 긍정적인 조직 분위기를 창출하며, 직원들 간의 갈등을 감소시키고, 이직율을 감소시키는 등 인사조직 측면에서도 긍정적인 효과가 있었다.

정서지능이 높은 영업직원이 많으면 실적 걱정이 없다. 고객도 좋아한다. 조직 내의 갈등도 줄어들고 이직율도 감소하고 조직문화도 좋아진다. 이 정도면 영업직원의 정서지능을 높이도록 교육과 개발에 투자해야 할 이유는 충분하지 않을까?

정서지능 교육의 효과
: 사노피 아벤티스

교육을 통해 영업직원의 정서지능을 높여 성공을 거두고 있는 현장 사례를 찾아보자. 사노피 아벤티스(Sanofi Aventis)는 프랑스 기업으로 글로벌 상위의 제약기업이다. 전 세계 110개국 이상에서 사업하고 있고 직원은 10만 명이 넘는다. 사노피 아벤티스가 영업직원의 정서지능 교육을 통해 실적과 영업직원의 사기까지 증진시킨 성공사례가 있어 소개하겠다.

사노피 아벤티스의 경영진은 영업직원의 사기와 성과에 대한 고민이 있었다. 제약회사의 영업직원은 스트레스를 크게 받는다. 경쟁은 치열하고 고객인 병원과 의료진은 제품에 대한 테스트도 잘 받아주지 않는다. 실적을 내야 하는데 제품 시연도 하기 어렵다. 사노피 아벤티스도 별반 다르지 않았다.

경영진은 영업직원의 정서지능이 높으면 영업직원의 사기도 오르고 영업 성과도 좋아질 것이라고 생각했지만 이를 증명할 방법이 없어 고민하던 차에 교육 컨설팅기업인 제노스 인터내셔널(Genos International)의 제안을 받아 영업직원의 정서지능과 영업 성과의 밀접한 관련성을 실험해보기로 했다. 먼저 제노스 인터내셔널과 협력하여 두 달간 정서지능 교육 프로그램을 개발했다. 그리고 70명의 영업직원을 뽑아 두 그룹으로 나누었다. 한 그룹은 교육 프로그램에 참여하게 하고, 나머지 한 그룹은 이 프로그램에 참여시키지 않았다.

먼저 프로그램에 참여하기 전에 정서지능에 대한 평가를 스스로 하고, 프로그램이 끝난 후에 다시 한 번 자신의 정서지능을 평가하게 했다. 종일 워크숍과 두 번의 반나절 워크숍을 진행해서 어떻게 현장에서 정서지능을 사용하는지 가르쳤다. 이후 다섯 번의 코칭 세션 등을 통해 정서지능이 잘 구사되고 있는지 조율하고 지도했다. 영업 관리자도 이 교육에 참여시켜 코칭 세션을 통해 정서지능 교육을 받게 했고, 이들이 다시 영업직원을 코칭하도록 했다.

이 연구를 통해 회사는 교육 참여 전후에 영업직원의 정서지능의 변화를 알고 싶었고, 정서지능이 향상되면 매출도 늘어나는지 확인하고 싶었다. 궁극적으로 정서지능 교육프로그램이 영업직원의 사기와 성과 증진에 해결책이 될 수 있는지도 궁금했다. 결과는 이 논리가 옳다는 것을 확인시켜주었다. 교육 참여 전과 교육 참여 후의 정서지능에 대한 직접적 평가 결과는 18% 상승했고, 교육을 받은 영업직원의 매출은 교육을 받지 않은 영업직원들에 비해 평균 12%를 웃돌았다.

흥미로운 발견은 교육을 받은 영업직원의 변화에서 볼 수 있었다. 정서지능이 높은 영업직원은 더 행복해했고, 이 영업직원은 고객에게 더 나은 서비스를 제공하는 경향이 있었다. 또한 고객은 스트레스를 받고 낙담한 직원보다 행복을 느끼는 영업직원과 일하는 것을 즐겼다. 두 달간의 정서지능 교육 프로그램을 받은 영업직원은 고객과의 관계가 좋아졌고 매출도 늘었다. 아울러 영업직원의 사기도 높아져 스트레스도 덜하고 이직율도 줄었다.

이 사례에서 볼 수 있듯이 정서지능 교육은 매우 중요하다. 직원의 성과, 고객과의 관계, 직원의 사기를 올린다. 디지털 시대에 영업직원은 테크놀로지 사용에 대한 스트레스까지 겹쳐 힘들다. 영업직원들에게 맞는 정서지능 증진 프로그램을 개발하여 역량도 증진하고, 고객과의 관계도 원활하게 하고, 실적도 개선하고, 사기도 올리는 투자가 필요하다.

디지털 영업도 결국 진정성이다
_ 제조기업 디지털 세일즈 영업팀장

Q "디지털 세일즈팀을 관리하는 것이 쉽지 않을 것 같습니다. 영업팀 직원들은 기존의 대면 영업에 익숙하고, 소셜 미디어나 이메일, 디지털 툴을 사용하는 것이 낯설 테니까요. 더구나 개인별로 수백 곳의 고객을 담당하고 있으니 다양한 메시지와 캠페인 등을 통해 가망 고객을 추려 내고 영업기회를 찾아내는 일이 보통이 아니잖아요. 어떻게 독려하시나요?"

A "맞습니다. 현재 저희 팀은 영업 담당별로 수백 곳의 고객을 담당하고 있어요. 저희 영업직원들 중에는 새로 들어온 젊은 직원들도 있고, 그들은 디지털 툴을 사용하는 데 아무 문제가 없습니다. 그러나 많은 직원이 기존의 대면 영업을 하던 직원들입니다. 대리점을 통해서 영업하던 사람들이라 수백 곳의 고객과 디지털 툴, 디지털 메시

지를 이용해 소통하고, 가망 고객을 발굴하는 일에 흥미를 느끼지 않고 있어요. 이를 설득하고 푸시하는 게 보통 일이 아닙니다.

그래도 수많은 고객을 관리하려면 이 방법밖에 없으니 익숙해지려고 노력하고 있습니다. 이제 소셜미디어나 디지털 메시지, 캠페인 등을 이용해서 가망 고객을 찾는 것은 잘되는 것 같아요. 계약까지 하고 있고요. 가끔 제게 링크트인이나 이메일 등을 통해 솔루션 관련 오퍼가 오는데 '어떻게 알고 보냈지?'라는 생각이 들 정도로 정확하게 타깃을 잡더라고요. 툴도 점점 다루기 쉬워지고 우리의 경험도 많아져서 가망 고객 발굴이 잘되고 있는 것 같습니다."

Q "링크트인, 카카오 등 소셜미디어와 이메일 등 다양한 디지털 툴을 통한 가망 고객 발굴이 나름 잘 되고 있네요. 그렇다면 가망 고객을 발굴한다고 해도 고객이 만나본 적 없는 영업직원을 믿고 구매 과정을 밟나요? 대형 고객은 기존에 알던 사람들이니 온라인과 오프라인으로 번갈아가며 소통하면 신뢰가 쌓여 별문제가 없겠지만 규모가 작은 고객들은 만나지도 않은 영업직원과 그다음 단계로 넘어가려 하나요?"

영업은 이렇게 합니다

A   "온라인으로 처음 소통하다 보니 고객이 의심하고 구매 과정을 진행하는 데 조심스럽습니다. 그래서 비대면 소통이 많은 영업조직은 영업직원의 진정성이 중요해 보입니다. 영업직원이 진정성이 있어야 고객을 구매의 다음 단계로 끌어갈 수 있고, 계약이 될 쯤에는 오프라인 미팅이나 접대도 가능하거든요. 저희 팀도 진정성을 보이는 방법에 대해서 자주 교육하고 있습니다.

고객에게 진정성을 보이는 단계에서는 대면 영업에 익숙한 영업직원이 유리합니다. 온라인에서도 진정성을 보이는 것은 대면 영업과 같거든요. 약속을 잘 지키고, 거짓말하지 않고 이런 것들만 잘 되어도 고객은 진정성을 느끼는 것 같습니다. 온라인에서 영업직원의 진정성은 구매 단계가 진행될수록 더욱 중요해집니다."

디지털 시대에 영업직원의 진정성은 더욱 필요해 보인다. 대면으로 만나는 시간이 부족하니 상대방에게 신뢰를 주기가 쉽지 않다. 기존에 관계가 있다면 영업직원의 진정성을 알 테니 문제가 없겠지만, 처음 관계를 맺는 고객이라면 영업직원의 진정성은 더욱 중요하다. 진정성이 선행되어야 계약의 다음 단계로 넘어갈 수 있다.

HUMAN TOUCH
+
DIGITAL
=
HYBRID SALES

테크놀로지가 점령한 디지털 세계에서 고객이 영업직원의 진정성을 확인할 방법은
매우 적어졌다. 만나지 않고도 소통이 가능한 세상에서 상대의 표정, 행동, 태도 등을
보고 진정성을 확인할 기회가 줄어든 것이다. 사실 장기적인 관계에 집중하지 않는
영업직원은 마음만 먹으면 가식적인 진정성을 보일 수 있다. 고객은 이 가식적인 진
정성을 알아차리기 어렵다. 따라서 진정성을 확인할 시간과 만남이 줄어든 것은 고
객에게 치명적이다. 이런 이유로 고객은 디지털 세상에서 진정성을 더욱 깊이 있고
세심하게 확인하려고 할 것이다. 고객은 영업직원의 진정성이 확보되기 전에 구매
단계를 진척시키려고 하지 않는다. 영업직원에게 진정성은 매우 중요한 덕목이자 역
량이 되었다.

PART 7

고객은
달콤한 말에
반응하지
않는다

_진정성 영업 역량(Authenticity Selling)

17

나는 신뢰할 만한
영업직원인가?

진정성이 보이는 사람은 어떤 사람일까? 진정성에 대한 의미는 진품, 진짜, 진정, 진성, 믿을 만한, 자연 그대로 등 다양하다. 미네소타 대학의 사회심리학자인 마크 스나이더 교수는 "진정성은 진정한 자아 그 자체를 의미하고, 비진정성은 타인과의 관계에서 진정한 자아를 숨기고 거짓된 행동을 보여주는 것이다."라고 정의했다.

인간이 군집생활을 시작한 이후 크고 작은 갈등은 인간을 죽음으로 내몰기도 했다. 이에 인간은 '내가 저 사람을 믿을 수 있을까?', '저 사람이 나의 신뢰를 배신할까?'라고 끝없이 의심할 수밖에 없었다. '저 사람이 자기 자신에게 진실할까?'라는 질문으로 시작된 진정성에 대한 고민은 인류 역사에서 오래전부터 사람들의 머릿속에 자리 잡고 있었다.

진정성은 고대 그리스 철학에서 나온 개념으로 당시에는 진정성을 '자신에게 진실된 것'이라고 정의했다. 이후 진정성은 사회과학으로 확장되어, 사회학, 역사학, 심리학, 경영학으로 발전되어나갔다. 경영학에서는 브랜드의 진정성과 리더십의 진정성에 관한 연구가 다양하게 진행되었다.

진정성은 누가 뭐라 해도 나 자신에게 진실한 행동을 실행하고, 외부 압력에도 불구하고 자신의 성격, 정신, 개성에 충실한 것을 의미한다. 이러한 의미의 진정성은 구매자와 판매자 사이에서도 매우 중요하다. 고객은 신뢰할 수 없는 영업직원과 거래하려 하지 않는다. 신뢰가 쌓이지 않은 영업직원의 제품과 솔루션을 구매했을 때 어떤 결과가 나올지 확신할 수 없기 때문이다.

B2B 영업의 처음과 끝은 진정성이다

B2C 시장에서 소비자는 믿을 수 없는 판매자 혹은 회사의 물건을 사지 않는다. B2B 시장에서 진정성은 더욱 중요하다. 일반 소비자는 진정성이 없는 기업 혹은 가게의 제품을 사고 후회하면 그만이지만, 기업고객은 진정성 없는 기업의 제품을 산 후에 잘못된 제품을 산 것에 대한 책임을 져야 한다. 잘 터지지 않는 폭탄을 구매한 국방

부의 무기 구매 담당자는 책임을 지고 군 감옥에 갈 수도 있다. 따라서 기업고객은 책임져야 하기 때문에 영업직원의 진정성에 대해 매우 중대하게 고려한다. 진정성이 확인되지 않으면 기업고객은 구매 결정을 미룬다. 사지 않는 것이나 결정을 미루는 것이나 영업직원에게는 동일하다. 올해의 매출과 이익으로 잡을 수 없으면 매출이 없는 것은 마찬가지이다.

진정성의 개념은 모호하다. 따라서 진정성 있는 영업직원을 채용하려고 해도 어렵고, 영업직원의 진정성을 개발하기 위한 교육을 실시하려고 해도 어렵다. 영업직원의 진정성은 '영업직원 자신에게 진실하게 하는 것'이다. 자신에게 진실한 마음을 가진다면 고객에게 진실하지 않을 수 없다. 이 개념을 가지고 영업직원의 진정성에 대해 자문하는 행동을 나열해보았다. 여러분은 영업직원으로서 진정성이 있는지 다음의 질문을 스스로 물어보자.

- 나는 고객에게 진정성을 가지고 최선의 가치를 제공하기 위해 노력하는가?
- 나는 영업 현장에서 고객과의 상호작용을 향상시키기 위해 피드백을 구하는가?
- 나는 영업 현장에서 나의 행동이 고객에게 어떤 영향을 끼치는지 잘 알고 있는가?
- 나는 영업과 관련된 어려운 결정을 내릴 경우 회사의 윤리 행

동 기준에 따르는가?

- 나는 영업과 관련된 어떤 상황에 대해 결정할 때 나만의 생각이 아니라 다른 관점들에 대해서 귀를 기울이는가?
- 나는 영업 현장에서 나의 윤리적 소신에 입각해서 결정을 내리는가?
- 나는 실수를 했을 때 솔직하게 인정하는가?
- 나는 직장동료들이 내가 고수하는 입장에 상충되는 의견을 말해주기를 바라는가?

진정성이란 자기 자신이 제일 잘 안다. 그리고 상대방은 이를 차차 느끼고 확인한다. 앞서 언급한 일곱 가지 영업직원의 진정성에 관한 질문은 기업의 상황에 따라 조금씩 달라질 수 있다. 그 내용은 각자가 속한 조직의 범위 안에서 더 깊이 생각하며 다듬어가야 한다.

팥으로 메주를 쑨다고 해도 믿게 하라

"상즉인 인즉상(商卽人 人卽商)." 장사가 곧 사람이고 사람이 곧 장사이다. 즉, 장사란 이익을 남기기 위한 것이 아니라 사람을 남기기 위한 것이다. 조선시대에 천재적인 상업 수완을 발휘한 거상 임상옥이 한 말이다. 사업이란 이익을 남기기 위한 게 아니라니, 말도 안 되는 이야기이다.

기업 경영의 목표는 이익을 최대한 달성하여 주주에게 보상하는 일이다. 그런데 이 말을 앞뒤만 바꾸면 임상옥의 의도가 드러난다. '장사란 사람을 남겨서 궁극적으로 이익을 남기는 것이다.'라고 이해하면 된다. 사람과 신뢰관계를 먼저 쌓고, 이를 기반으로 사업해야 한다는 뜻이다.

신뢰를 만들지 않고 이익만 추구한다면 그 사업의 미래는 없다. 사람들은 자신이 알고, 좋아하고, 신뢰하는 사람으로부터 제품과 서비스를 구매하고 싶어 한다. 기업의 목표가 이익 극대화임에도 불구하고 기업이 사회적 책임, 환경문제 등에 관심을 가지고 투자하는 이유는 이 때문이다.

영업직원의 목표는 제품과 서비스를 판매하는 것이다. 그리고 이 목표에 자신의 보상과 진급이 달려 있다. 계약을 서두르기 위해 고객에게 납기 기간을 짧게 이야기하거나 경쟁사를 험담하거나 거짓을 말할 수 있다. 진정성 없는 영업직원은 의도적으로 고객을 속일수 있다. 그런데 진실이 밝혀지는 순간 고객과 영업직원과의 신뢰는 깨진다. 고객은 이때부터 영업직원의 진정성을 의심한다. 신뢰는 구매자와 판매자, 고객과 영업직원, 소비자와 영업직원 간 관계의 품질을 측정할 수 있는 도구이다. 영업직원이 고객을 위해 자신의 의무를 충분히 이행할 것이라고 믿고, 영업직원은 고객이 자신의 의무를 충분히 이행할 것이라고 믿어야 신뢰가 쌓인다. "팥으로 메주를 쑨다고 해도 곧이 듣는다."는 속담이 있다. 영업직원의 진정성을 바탕으로 신뢰가 형성된 관계라면 고객은 영업직원이 팥으로 메주를 쑨다고 해도 믿으려 한다.

결국 사람을 상대하는 일이다

전작 《영업은 배반하지 않는다》를 출간한 이후에 재미있는 일이 있었다. 이 책은 B2B영업을 하는 영업직원들을 대상으로 쓴 책이다. 그런데 독자 중에 은행, 보험, 교육업, 렌털 영업부터 음식점, 네일아트 사장님까지 B2C영업에 종사하는 분들도 많았다. 심지어 이 분야에서 내게 강의를 요청하고, 또 강의에 굉장히 만족했다. 전작은 B2B영업을 하는 분들이 대상이 아니라 '관계지향 영업'을 하는 분들이 대상이었던 것이다.

앞서 영업을 거래지향 영업과 관계지향 영업으로 구분했다. 고객과의 장기적인 관계가 중요한 영업은 관계지향 영업으로 정의하고, 거래를 통한 현재의 매출을 최대화하는 영업은 거래지향 영업으로 정의했다. B2B영업의 대부분은 관계지향 영업과 일맥상통하고, 설령 B2C영업을 하는 분들도 관계지향 영업을 하고 있는 경우가 상당했다.

영업직원에게 진정성은 감성 역량으로서 영업역량의 한 요소이다. 여기에서 말하는 영업역량은 B2C 혹은 B2B와 상관없이 관계지향 영업에 종사하는 분들의 역량이다. 물론 거래지향 영업에 종사하는 분들이 관계지향 영업역량이 필요 없는 것은 아니다. 왜냐하면 최근에는 거래지향 영업의 성격이 강한 점포 영업에서도 관계지향 영업역량을 가지면 성과에 도움이 된다는 것이 확인되고 있다. 거래지향 영업직군에 있다면 관계지향 영업역량을 가졌을 때 목표 성과에 더욱 빨리 도달할 수 있다는 것을 잘 알 것이다.

한 연구에 의하면 영업직원의 진정성은 관계지향 영업역량에 긍정적인 영향을 미친다고 한다. 영업직원이 진정성을 가지고 있다면 영업을 잘하는 사람이라는 것이다. 한 발 더 나아가 영업직원이 진정성이 높으면 그 직원은 고객 지향성을 가진다고 한다. 고객 지향성이란 고객의 니즈를 잘 듣고 파악해서 고객에게 제대로 된 제안을 할 수 있는 능력이다. 흥미롭게도 진정성이 높은 영업직원이 영업을 잘 하는데, 거기다 고객 지향성까지 가지고 있으면 영업을 더 잘한다는 것도 증명되었다.

영업직원이 진정성을 보이면 고객은 자신이 원하는 니즈를 잘 설명해줄 것이고, 그러니 좋은 제안을 할 수밖에 없지 않을까? 고객은 제대로 된 제안을 할 것 같아 보이지 않는, 믿음이 가지 않는 영업직원에게 모든 것을 다 이야기하지 않는다. 왜냐하면 고객도 피곤하기 때문이다. 좋은 제안을 할 것 같은 영업직원에게 마음을 터놓는다.

18

진정성 있는 기업은
MZ세대에게 통한다

나는 학부와 대학원에서 영업과 마케팅 강의를 하고 있다. 대학원에서는 여섯 개의 영업 강좌와 다섯 개의 마케팅 강좌를 합친 영업마케팅 전공을 책임지고 있으며, 이 중 '영업역량론'과 '영업조직관리' 강좌를 진행한다. 학부에서는 영업역량 과목과 마케팅 과목들을 강의하고 있는데 그 안에 '소비자행동' 강좌도 있다.

소비자행동 강좌는 소비자와 고객의 행동 패턴을 다루는데, 학생들에게 현장의 인사이트를 경험하게 하기 위해 팀 프로젝트를 수행하게 했다. 팀 프로젝트에서는 소비자 행동의 변화에 대해 기업 혹은 트렌드 측면에서 학생들이 발표한다. 나는 학생들이 주로 테크놀로지와 소비자 혹은 소비자 대상 기업의 디지털 트랜스포메이션 주제를 다룰 것이라 생각했다. 최근의 소비자 행동을 이해하려면 디지털 트랜스포메이션이라는 큰 변화를 빼놓고는 이야기할 수 없기 때문이다.

고객은 의미 있는 소비를 추구한다

그런데 흥미롭게도 ESG, 가치 소비, 미닝 아웃(Meaning Out), 그린슈머(Greensumer), 세컨드슈머(Secondsumer) 등 기업의 진정성에 관한 내용도 꽤 많았다. ESG는 Environment(친환경), Social(사회적 책임), Governance(지배구조 개선)의 머리글자를 딴 것으로 기업이 이익 최대화라는 재무적 목표뿐만 아니라 투자 의사결정 시 친환경, 사회적 책임, 지배구조개선 등 기업의 사회적, 윤리적 가치를 함께 고려해야 한다는 개념이다. 이제는 기업의 지속가능한 발전을 위해 ESG 가치를 중요한 항목으로 관리해야 하고 소비자는 ESG와 같은 사회적 가치를 중시하는 기업을 눈여겨본다.

가치 소비는 자신이 가치를 부여하거나 만족도가 높은 소비재를 과감히 소비하고, 지향하는 가치의 수준은 낮추지 않는 대신 가격과 만족도 등을 꼼꼼히 따져 합리적으로 소비하는 성향을 말한다. 미닝 아웃과 그린슈머가 가치 소비의 한 면이라고 할 수 있다. 미닝 아웃은 신념을 뜻하는 Meaning과 벽장 속에서 나온다는 뜻의 Coming

Out이 결합된 단어로, 제품이나 서비스 소비를 통해 자신의 신념이나 가치를 적극적으로 표현하는 소비자의 행동 패턴을 말한다. 구매에 그치는 것이 아니라 소셜미디어를 통해 소비 습관을 알리고 이를 사회문제로 환기시키는 것을 포함한다.

그린슈머는 초록을 뜻하는 Green과 소비자를 뜻하는 Consumer의 합성어로 환경보호에 도움이 되는 제품을 구매하는 소비자를 말한다. 환경문제에 대한 관심이 높고 생활 속에서 환경보호를 실천하려는 의지를 가지고 있는 소비 패턴으로, 그린슈머는 식품, 의류, 생활용품 등을 구매할 때 제품의 친환경성 여부를 중요한 기준으로 삼는다.

세컨드슈머란 '제2의'를 뜻하는 Second와 Consumer가 합쳐진 말로 당장의 편리함보다 지속 가능한 삶을 위한 소비자를 말한다. 이들은 환경과 사회문제를 고려해 중고거래를 선호하고, 플랫폼을 통해 사용하지 않는 물건을 되팔거나 쉽게 찾기 어려운 물건을 구하기도 한다. 일부 플랫폼은 거주지 근처에서만 거래할 수 있어 동네 주민들과 신뢰를 쌓는 경험을 통해 MZ세대의 인기를 끌게 되었다.

학부 학생들은 MZ세대이다. 이들이 모여서 소비자행동 변화에 대한 팀 프로젝트를 진행하면 절반은 소비자의 디지털 트랜스포메이션에 관한 내용이고, 절반은 ESG, 가치 소비와 같은 기업의 진정성에 관한 내용이다. 사실 디지털 트랜스포메이션과 ESG, 가치 소비 등 기업의 진정성은 같은 맥락이다. 그린슈머, 미닝 아웃, 세컨드슈머 등 모든 기업의 진정성에 대한 평가와 소비는 소셜미디어 등 디지털 툴을 이용해 전파하고 의견을 교환하기 때문이다.

MZ세대는 소비에 의미를 부여한다. '돈쭐내다'라는 말에서 알 수 있듯 선한 영향력을 행사한 기업과 소상공인들을 돈으로 혼을 내주기도 한다. 그 기업이나 점포의 물건을 구매해서 그 선행에 보답한다는 취지이다. 가치 있는 진정성에 감동하고 보상하는 이들이 오늘날의 소비자이며, 곧 주요 구매 의사결정자가 된다. 앞으로 진정성을 갖춘 영업직원만이 돈으로 혼쭐날 정도로 영업 성과를 올릴 것이다.

진정성 영업의 성과
: 대기업 M&A

한 IT 기업의 영업 담당인 박차장은 요즘 고민이 많다. 고객사인 C기업의 통합추진위원회와의 관계 때문이다. A기업과 B기업이 최근 합병을 결정하여 C기업으로 통합되었다. 합병 기업은 통합되기 전후에 할 일이 많다. 새로운 경영진을 구성해야 하고, 통합 전략을 만들어야 하며, 프로세스와 조직을 통합해야 하고, 통합 과정 중에 변화 관리도 해야 한다. M&A가 결정되고 나면 통합 이전과 이후에 검토할 일이 산더미인지라 보통은 추진위원회를 만든다.

C기업도 마찬가지로 통합추진위원회를 만들고 업무별로 세부 추진회원회가 구성되었다. 그중 IT 통합추진위원회에서는 통합 이후

에 A기업과 B기업의 IT시스템 중 어떤 것을 사용할지 정하는 것이 주요한 업무였다.

다행인 것은 A기업과 B기업의 주요 IT시스템이 박차장의 회사가 납품한 것이라 나쁘지 않은 상황이지만, 통합 이후에 새로운 IT시스템으로 가야 한다는 주장도 있어 회사의 경영진도 매우 민감해하고 있었다. A기업과 B기업은 통합 이후 IT시스템을 자신의 것으로 사용하자고 주장하고 있어 자칫 분열과 갈등이 생길 염려가 있었기 때문이다. 차라리 새로운 시스템으로 가자고 하는 주장에 무게가 실리는 형편이었다.

C기업을 담당하고 있는 박차장의 어깨가 무거울 수밖에 없었다. 더구나 박차장은 과거에 A기업을 오랫동안 담당한 적이 있어 통합추진위원회의 A기업 출신 고객들과 친숙한데, B기업 출신 고객들은 박차장을 경계한 나머지 그의 앞에서 속 얘기를 하지 않는 것은 물론이고 데면데면하기까지 했다.

통합추진위원회의 리더는 A기업 출신의 장이사이고, 그 바로 밑에 실무를 총괄하는 사람은 B기업 출신인 강부장이다. 겉보기에 장이사와 강부장이 잘 지내고 있지만 사실 이 두 사람은 A기업과 B기업의 대표로 IT시스템을 정하는 위치에 있어 부담이 꽤 큰 것 같았다. 박차장의 목표는 통합 이후 C기업의 IT시스템을 자기 회사의 제품으로 확정하는 것이다. 그런데 실무를 총괄하는 B기업 출신의 강

부장은 의심하고 있었다. '박차장은 A기업을 오래 담당했으니 A기업 프로세스로 가자고 주장하겠지?'

박차장은 장이사나 강부장 어느 쪽에도 기울지 않았다는 모습을 보여줘야 하는데, 그 일이 매우 어려웠다. A기업, B기업 어디에도 편향되지 않은 모습을 보인다면 강부장은 좋아하겠지만 A기업 출신의 장이사는 싫어할 것이었다. 그렇다고 A기업의 편을 들자니 강부장이 강하게 반발할 것이고 B기업의 편을 들자니 오랜 신뢰에 대한 배신인 것이었다. 더구나 최근에 경쟁사 영업대표와 임원진들이 통합추진위원회 사무실에 자주 보이는 것이 그의 마음을 더 불안하게 했다.

박차장은 생각했다. '이렇게 외나무 줄타기를 하면서 A기업과 B기업의 비위에 맞는 소리만 하면 결국 치도곤을 맞겠지. 경쟁사에게 좋은 일만 시킬 순 없어. 어려워도 길게 보고 통합된 후의 C기업에게 좋은 방안만 생각하자. 그래야 오래된 고객인 A기업 출신들도 이해할 것이고, B기업 출신들도 오해하지 않을 거야.' 박차장은 이 생각을 한 이후에 중용을 지키려고 노력했다. 어느 날 강부장의 밀당이 시작되었다.

B기업 대표인 강부장이 말했다. "박차장, 나는 박차장에게 속에 있는 이야기를 할 수가 없어요. 당신은 A기업을 오래 담당했기 때문에 우리나라 정서상 A기업 사람들을 배신할 수가 없잖아요. 중요한 결정을 할 때 내가 말한 정보를 그들에게 전해주면 나는 어떻게 해요?"

박차장은 한순간 고민했다. '분명히 이 질문은 나를 시험하는 것인데, 내가 만약 "걱정하지 마세요. 나는 절대로 A기업 사람들에게 얘기하지 않을 겁니다."라고 말해보았자 믿지 않을 것이고, "그렇습니다. 나는 당연히 A기업에게 얘기할 겁니다."라고 말하면 관계가 단절될 것이다. 박차장은 자기 자신에게 솔직해지겠다는 자세로 대답했다.

"강부장님, 저는 영업하는 사람입니다. 솔직히 강부장님이 이야기하시는 것 중에 제 영업을 위해서 필요한 것이라면 누군가에게 흘릴지도 모릅니다. A기업 출신 고객들과 오랜 관계가 있으니 그곳에 전달할 가능성이 높다는 것은 삼척동자도 다 알 겁니다. 그러니 저에게 진짜로 중요한 이야기는 하지 마십시오. 그런데 저는 신뢰가 중요하다고 생각하는 사람입니다. 제게 믿음이 생길 때까지 절대로 중요한 이야기는 하지 마시고, 제가 믿어지시는 날에 속 얘기를 하십시오."

이때 강부장은 박차장의 진정성을 느낀 것으로 보인다. 강부장의 입가에 희미한 미소가 보였고, 강부장은 박차장과 IT 통합 프로세스 개선에 대해 함께 논의해나갔다. 몇 달 후 통합 IT시스템의 계약 파트너로 박차장의 기업이 정해졌다. 강부장과 박차장은 관계를 지속해나갔다. 통합추진위원회의 강부장은 박차장의 말에서 영업직원의 진정성을 본 것이다. 강부장은 박차장의 진정성을 확인해보기 위해 "나는 속 얘기를 할 수가 없어요."라고 말한 것인데, 실제로 그 질문의 의미는 이러했다. "나는 당신의 진정성을 알 때까지는 당신에게 속 얘기를 할 수 없어요."

강부장은 오랫동안 지켜본 박차장에 대한 신뢰가 있었고 몇 달간 영업 담당을 하면서 그의 진정성을 알고 있었다. 그리고 지인들을 통해 박차장의 인간성을 익히 들어왔기 때문에 신뢰가 어느 정도 있는 상태에서 마지막으로 이런 질문을 했을 가능성이 높다. 이렇듯 진정성 있는 소통이 서로에 대한 신뢰를 확인시켜주고, 구매를 결정 짓는다. 남녀 사이의 사랑도 이렇게 진행되고 오래가는 친구도 이렇게 만들어진다.

착한 영업부장

_ 화학기업 구매 담당자

Q "구매 업무를 한 지 20년쯤 되었다고 들었습니다. 사실
한 업무를 20년 이상 하면 그 분야에서는 전문가입니다.
구매는 고민이 많은 직군이라고 생각합니다. 예전에 영
업을 오래한 베테랑이 이런 말을 하더군요.

'영업직원은 계약할 때까지 쪼그리고 자다가 계약만 하
고 나면 대자로 누워서 잡니다. 반면에 구매 담당자는 계
약할 때까지 쪼그리고 자고 계약한 이후에는 더 쪼그리고
잡니다.'라고요. 구매 담당자는 제품을 잘못 사면 그 이후
가 더 문제이기 때문에 항상 쪼그리고 잠을 잔답니다."

A "맞습니다. 저희는 계약할 때까지 구매한 제품에 관해 철
저하게 검토합니다. 그리고 계약했는데 잘못된 제품을
사면 책임이 크기 때문에 계약하고 나서 물건이 사용될
때까지 긴장을 놓을 수 없습니다. 잘못 구매하면 목이 달

아나기도 하거든요."

Q "구매를 오래하셨으니 영업직원들도 많이 보았을 겁니다. 잘못 구매하면 큰 책임이 따르기 때문에 영업직원의 성향에 대해서 많이 고민할 것 같습니다. 사람을 평가할 때 '그 사람이 스마트한가? 선한가?'의 잣대를 가지고 보기도 합니다. 우문인 것 같은데, 구매 담당자 입장에서 영업직원은 착한 영업직원이 좋습니까, 똑똑한 영업직원이 좋습니까?"

A "똑똑하고 착하면 제일 좋겠지요! 진정성이 있어야 하고 저희 상황을 정확히 이해해서 우리에게 맞는 좋은 제품을 좋은 가격에 가져다주는 것도 사실 중요합니다. 그런데 나쁜 영업직원은 절대 안 됩니다. 담당할 때는 문제없다가 떠나고 나면 사고가 생기는 사람이 있습니다. 매출목표만 채우겠다고 우리에게 원재료를 속이고 납품하는 영업직원도 있고요. 납기를 절대로 못 맞춘다는 것을 알면서 경쟁사에게 주문을 뺏기지 않으려고 원료가 온다고 거짓말하는 영업직원도 있습니다. 들통 날 텐데도 그렇게 하는 사람이 있습니다.
다른 회사로 옮기면서 그렇게 하는 사람도 있고 부서를

옮기면서 그렇게 거짓말하는 사람도 있습니다. 이 바닥이 좁아서 다 소문이 나는데 왜 그러는지 모르겠어요.

지금 생각해보니 착한 것이 더 중요한 것 같습니다. 조금 나이스하지 않아도 바른 사람이라면 잘 조언해서 문제를 해결할 수 있는데 나쁜 사람은 대책이 없어요. 나쁜데 똑똑하면 저는 죽습니다. 거짓말을 들키지 않게 하고 떠나버리거든요. 제가 구매하는 화학제품은 다 우리 회사 제품의 원료를 쓰기 때문에 잘못된 원료가 들어오거나 납기를 못 맞추면 제가 책임져야 합니다. 회사의 매출과 이익에 해를 끼칠 수 있기 때문이죠.

올바른 영업직원이 중요합니다. 그래서 올바른 사람이면서 일을 잘하면 평생 제 파트너로 일하게 만듭니다. 저도 회사에서 평가를 받기 때문에 잘 구매해야 하거든요. 좋은 영업직원을 만나면 내 업적 평가도 잘 관리할 수 있어요. 최근에 우리한테 납품하던 원료 회사의 부장이 회사를 그만두었어요. 사람이 착하고 훌륭한데 그 회사에는 잘 안 맞았나 봅니다. 퇴직한다고 인사왔길래 사업하라고 했습니다. 우리 회사와 거래하자고 했습니다. 어차피 원료는 해외에서 가지고 오고, 한국에는 총판이나 대리점이 필요하거든요. 믿을 수 있는 착한 사람과 거래하면 저도 걱정이 줄어듭니다."

영업은 이렇게 합니다

화학기업 구매 담당자의 인터뷰처럼 착하고 따뜻한 영업직원은 퇴직 후에도 길이 열린다. 고객은 믿을 수 있는 사람, 거짓말하지 않을 사람, 따뜻하고 올바른 사람과 거래하고 싶어 한다. 따뜻하고 올바른 사람은 믿음을 준다. 따뜻한 올바름은 디지털 시대에 필요한 감성 역량의 한 요소이다.

HUMAN TOUCH

+

DIGITAL

=

HYBRID SALES

4차 산업혁명, 디지털 트랜스포메이션은 산업 생태계를 바꾸고 있다. 많은 직업이 없어질 것이고 테크놀로지와 관련된 새로운 일자리가 생겨나고 있다. 기술의 발전은 세상을 매우 이성적인 환경으로 바꾸어가고 있다.

16세기 인본주의 철학자 에라스무스는 이렇게 말했다. "우리는 감성을 없애고 그 자리에 이성을 두고 싶어 하는 게 아니라, 감성과 이성의 조화로운 균형을 찾고자 한다." 디지털 기술을 통한 이성적인 역량이 반드시 필요한 영업의 세계에 감성 역량에 대한 중요성도 더욱 커지고 있다. 에라스무스가 강조한 감성과 이성의 조화로운 균형을 위해 영업의 감성적 접근도 중요한 덕목이 되었다. 앞서 논의한 정서지능 역량, 진정성 역량과 함께 세 번째 감성 역량인 따뜻한 영업역량에 관해 생각해보자.

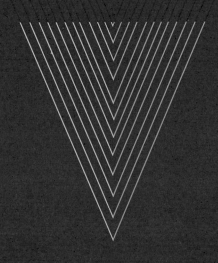

PART 8

결정적 순간에
고객의
마음을
움직이는 것

_따뜻함 영업역량(Warmth Selling)

19

따뜻한 영업인
vs. 유능한 영업인

인간이 지구에 등장한 것은 몇 백만 년 전이다. 인간은 다른 육식 동물과 마찬가지로 수렵생활을 했다. 수렵생활에서는 자신의 영역을 침범하는 다른 집단과 양립이 불가능했다. 자신의 영역 안에 있는 사냥감을 지키기 위해 생존을 건 싸움이 지속되었다. 몇만 년 전에 와서야 농경 사회로 전환되었으니 하이에나 무리처럼 먹이를 차지하려는 처절한 싸움은 몇백만 년 동안 이어져온 것이다.

부족 간에 싸움이 벌어지면 승자와 패자로 나뉜다. 승리한 부족의 족장은 패한 부족의 족장과 젊은 남자들을 모조리 없애고 여자와 아이들을 취했다. 부족을 통합한 리더에게 여자와 아이는 생산 수단으로 복속되었던 것이다. 그 당시 족장의 앞날은 험난하고 한 치 앞을 예측할 수 없었다. 삶이 지속되는 한 전쟁도 계속되었다. 그 과정에서 패한 부족의 여자들과 아이들은 스트레스가 매우 컸을 것이다. 전쟁에서 살아남아도 족장이 새로 바뀌는 것에 적응하기가 매우 힘들기 때문이다.

여자들은 아마도 족장이 바뀌지 않는 변화 없는 삶을 원했을 것이다. 그래서 그녀의 족장이 '힘이 세고 똑똑한' 리더이기를 바랐을 것이다. 그래야 다음 전쟁에서 새로운 족장을 만나지 않을 것이었다. 그런데 새 족장이 힘이 세고 똑똑하기는 한데, 못되고 악하면 큰 낭패이다. 폭력을 휘두르기도 하고, 그보다 더 불행한 것은 이전 족장의 자식이자 자신의 자식에게 해코지하는 것이다. 그래서 여자와 아이를 포함한 평범한 인류는 사람을 볼 때 '유능함(Competence)' 이전에 '따뜻함(Warmth)'을 우선시했을 것이다.

가족, 종족의 번영을 위한 싸움은 인류가 지구에 발 디딘 이래로 항상 있어온 행동 패턴이다. 수백만 년을 생존하기 위해 전쟁을 벌여왔으니, 인간의 DNA에는 살아남기 위한 성향이나 특징이 잠재되어 있을 것으로 보인다. 이를테면 유능함과 따뜻함에 대한 신속하고 정확한 판단 같은 것 말이다.

무의식 중에 더 끌리는 사람이 있다

따뜻함과 유능함에 대한 사람들의 반응을 연구한 심리학자가 있다. 프린스턴대학교의 수전 피스크 교수는 1999년부터 고정관념 내용 모델(Stereotype Content Model)을 통해 유능함과 따뜻함에 관한 연구를 지속하고 있다. 상대방이 얼마나 따뜻하고 유능하냐에 따라 사람들의 감정 반응과 행동 반응을 분석한 연구이다. 그녀의 연구팀이 증명한 연구 결과가 오른쪽의 '따뜻함-유능함 모델'이다. 연구 결과는 따뜻하고 유능한 사람에 대해서는 감정적으로는 존경의 마음을 가지며, 그 사람에게 끌리고 협력하고 싶어 하는 행동 반응을 보였다.

수전 피스크 교수 연구팀은 이 연구에서 한 단계 더 진화한 연구 결과를 발표했다. 유능함과 따뜻함이 사람들의 감정과 행동 반응에 모두 중요하지만 따뜻함이 유능함보다 더 먼저임을 밝혀냈다. 상대방이 따뜻한 사람이라는 것이 그 사람이 유능하고 스마트한 것보다 먼저 관심을 끌고 감정과 행동에 더 긍정적으로 적용한다는 것이다.

우리말에 '된 사람'과 '난 사람'이라는 말이 있다. 난 사람은 된 사람이 아니면 가치가 없다고 생각하는 것과 상통한다. 결국 인류의 역사에서 따뜻함은 상대방의 좋은 감정과 좋은 행동을 불러일으키는 중요한 인자로 자리 잡고 있다. 사람과 사람 간의 관계에서 따뜻함은 인간이 반드시 가져야 할 덕목이다.

따뜻함-유능함 모델		
구분	감정 반응	행동 반응
따뜻함+유능함 ➡	존경, 자랑 ➡	끌림, 우대, 협력
차가움+유능함 ➡	질투, 시기 ➡	의무적 연계, 방해
따뜻함+무능함 ➡	동정, 연민 ➡	도움, 방치
차가움+무능함 ➡	경멸, 멸시 ➡	거부, 회피

따뜻함이 고객과의 신뢰를 완성한다

따뜻함과 유능함이 좋은 감정과 좋은 행동을 불러일으키고 그중 따뜻함이 먼저라는 수전 피스크의 연구는 꽤 파급이 있었다. 이 연구가 발표되고 다양한 분야로 확산했다. 마케팅에서 이 이론을 연구하고 적용하고 싶은 사람이 있었다.

P&G, 코카콜라 등에서 쌓은 실무 경험을 바탕으로 마케팅 컨설팅을 하던 마케팅 전문가 크리스 말론은 수전 피스크 교수의 '따뜻함-유능함 모델'을 브랜드를 만드는 데 적용할 수 있다고 생각했다. 그는 수전 피스크 교수와 협력하여 소비자들이 따뜻한 브랜드가 유능한 브랜드보다 먼저 소비자의 호감을 산다는 것을 밝혔다. 이 연구가 발표되고 한동안 제품 광고에 품질보다 브랜드의 따뜻한 이미지를 앞세운 광고들이 줄지었다. 광고 내용은 잘 이해되지 않는데 어딘가 착하고 따뜻하다는 느낌이 들었다면 바로 이 때문이다.

따뜻한 광고로 브랜드 가치를 끌어올린 사례로 코카콜라의 북극곰 광고를 들 수 있다. 북극곰을 광고에 등장시켜 브랜드의 따뜻함을 전달했다. 사람의 감정과 행동에 직접적인 영향을 주는 따뜻함은 이렇듯 사회심리학적인 환경을 넘어 마케팅의 영역으로 확장되었으며, 기업이 따뜻한 브랜드를 만들기 위해 노력하는 긍정적인 효과를 만들어냈다. '갓뚜기'라 불리며 훈훈한 미담으로 존경받는 식품회사 오뚜기, '보다 좋은 세상을 만드는 것'을 브랜드 사명으로 내세운 패션 브랜드 팀버랜드(Timberland) 등 친절하고 따뜻한 브랜드를 만들려는 마케터들의 노력은 지속되고 있다.

그렇다면 따뜻한 영업은 어떨까? 피스크 교수의 모델은 모든 인간관계에 작용한다. 영업은 고객과 영업직원, 판매자와 구매자의 인간관계이다. 이 관계를 통해 고객가치를 창출하는 영업은 따뜻함이 무엇보다 중요한 요소가 될 수밖에 없다. 고객은 착하지 않고 유능하기만 한 영업직원이나 기업을 거래처로 여기지 않는다. 물건을 사지 않을 뿐 아니라 남들도 사지 못하게 알려주기까지 한다.

착한 영업직원이 퇴직하면 고객이 다시 거래하자고도 한다. 사업하도록 끌어주고 밀어주기까지 한다. 어떤 관계보다 고객과 영업직원의 관계에서 따뜻함은 위대하다. 자주 만나지 못하는 디지털 세상에서 착하고 따뜻한 영업직원은 고객의 감정과 행동에서 더 좋은 반응을 끌어낼 것이다.

20

올바른 영업직원의
행동 원칙

"우리 회사 지사장은 네 분기째 목표를 못 맞추고 있어요. 그 전 지사장은 5년간 근무하면서 매 분기 목표를 달성하다가 어느 날부터인가 분기 목표를 맞추지 못하니까 본사에서 주의 깊게 보더라고요. 본사 사람이 우리 지사에 자주 왔어요. 그러더니 1년 넘게 목표 달성이 안 되니까 내보내더라고요. 이번 지사장도 3년째 잘하다가 이제 네 분기째 목표 달성을 못하고 있으니 다음 분기도 달성하지 못하면 아마 나가야 될 듯싶습니다. 지사장도 느끼는지 우리들을 너무 닦달해요. 혁신적인 아이디어가 없다고 나무라서 요즘 피곤합니다."

외국계 기업 지사에 근무하고 있는 영업직원이 하소연하자 다른 외국계 기업에서 근무하는 영업직원은 이런 말을 했다. "그렇군요! 우리 회사 지사장은 회사에 온 지 2년 좀 넘었어요. 그동안 아주 잘했습니다. 그런데 얼마 전에 지난 분기에서 밀어내기 했던 매출이 밝혀졌어요. 그날로 본사에서 자르더라고요. 그래서 우리 회사는 지사장이 현재 공석입니다. 무섭더라고요. 목표 미달성보다 밀어내기처럼 정도 영업에 어긋나는 게 큰 문제인가 봅니다. 조심해야겠어요."

정도 영업에 어긋나는 행동을 보인 영업직원이든 영업리더이든 그 행동은 보아 넘겨선 안 된다. 밀어내기는 '가짜 매출'이다. 매출에 오해를 불러일으키면 결과적으로 분식회계의 문제를 만들 수 있는 치명적인 비정도 영업 사례라고 할 수 있다.

어느 기업이나 매출을 통해 이익을 최대화해서 주주에게 보상해야 한다. 이러다 보니 매출을 부풀리거나 변칙적으로 매출을 앞당기고 싶은 유혹이 항상 있을 수밖에 없다. 대부분의 외국계 한국지사는 생산시설이 없는 판매법인, 즉 영업법인이다. 지사장의 목표에 연구와 생산은 없고 판매만 하면 되므로 실질적으로 영업리더라고 할수 있다. 잘못된 매출 계상은 기업에 치명적이다. 매출과 이익 목표를 미달성하는 것은 얼마간 참아줄 수 있지만 올바른 영업이 아닌 비정도 영업은 본사에서 바로 응징하는 것이다.

올바른 영업직원은 올바른 영업 패턴을 구사한다. 잘못된 영업 행태로 인해 소수의 인원은 혜택을 받지만 대부분 큰 위기를 맞는다. 더구나 회사는 치명적인 피해를 볼 수 있기 때문에 목표를 맞추지 못하더라도 비윤리적인 영업을 해선 안 된다. 또한 올바른 영업직원, 정도 영업을 수행하는 영업직원, 도덕적 가치를 중시하는 영업직원의 영업 성과가 높다는 다양한 연구들이 있다. 도덕적 가치가 높은 영업직원이 고객의 신뢰를 이끌어낸다는 연구도 있고, 정도 영업은 고객과 영업직원과의 관계 품질을 높인다는 연구도 있다.

관계의 품질을 측정하는 것은 신뢰이다. 결국 도덕적 가치를 중시하는 영업직원은 비정도 영업을 수행하지 않고 고객의 신뢰를 이끌어낸다. 이를 통해 고객과의 관계가 좋아지고 평생 고객과 영업직원으로서의 관계를 지속해나갈 수 있다. 이 고객은 구매할 여력이 된다면 신뢰가 쌓인 그 영업직원에게서 제품과 서비스를 구매한다. 올바른 영업직원의 성과는 좋을 수밖에 없다. 여기서 올바른 영업직원의 행동 원칙을 나열해보겠다. 옳고 바른 영업직원은 고객, 회사, 경쟁사와의 관계에서 이 원칙들을 지켜야 한다.

· **고객과의 관계**

-고객에게 정직하고 진실해야 한다.

-구매자와 판매자가 모두 혜택과 이익을 얻을 수 있도록 정확하게 제품과 서비스에 관해 숙지하고 설명한다.

· 회사와의 관계

-정당한 사업 목적을 위해 회사 자원을 사용한다.
-회사에서 얻은 독점적 기밀 정보를 지키고 보호한다.
-회사의 내규와 법적인 틀 안에서 프로세스를 지킨다.

· 경쟁사와의 관계

-경쟁사 정보는 법적이고 윤리적인 방법으로 취득한다.
-경쟁사의 제품과 서비스에 대해 정직하고 신뢰할 방식으로만 설명한다.

이 원칙들이 모든 상황에 대처할 수 있는 매뉴얼이 될 수는 없다. 상황이 닥쳤을 때 원칙을 기반으로 상식에 기초한 올바른 행동을 수행해야 할 것이다. 아울러 올바르지 않은 구체적인 영업 행태에는 어떤 것들이 있는지 살펴보자. 이 또한 참고를 위한 것이다. 하지 말아야 할 행동들은 원칙에 기반하되 상식에 기초하여 수행하면 된다.

· 제품 성능 과장하기
· 고객의 주문을 받기 위해 납기 과장하기

- 경쟁 제품 비난하기
- 경쟁사의 영업직원과 기타 지원부서 비난하기
- 경쟁사에 대해 부정적인 루머 만들기
- 회사 경비로 개인 경비 해결하기
- 제품에 대한 중요 사실 숨기기
- 매출 목표를 채우기 위해 필요하지 않은 제품 밀어내기
- 매출 목표를 채우기 위해 제품 밀어내는 것 묵인하기
- 계약에 대한 대가로 뇌물 주기
- 계약에 대한 대가로 뇌물 주는 것을 묵인하기

선한 의도는 악한 결과의 면죄부가 될 수 없다

임진왜란이 일어나기 직전에 선조는 일본에 사신단을 보내 일본의 침입 가능성을 알아보게 했다. 사신으로 함께 간 황윤길과 김성일은 귀국한 후 정반대의 의견을 냈다. 황윤길은 "일본이 침략할 것이니 철저히 대비해야 한다."고 주장했고, 김성일은 "일본은 쳐들어오지 않을 것이니 걱정할 것이 없다."고 단언했다.

일본은 얼마 안 가 임진왜란을 일으켰다. 두 사람의 엇갈린 의견은 고스란히 조선의 백성들에게 전쟁이라는 엄청난 폐해를 안겨주었다. 이순신 장군이라는 빼어난 인물이 없었다면 우리의 역사는 어떻게 변했을지 모르고, 침략하지 않을 것이라고 거짓 보고한 김성일

은 역적이 되어 있었을지 모른다.

여기서 왜 김성일은 황윤길과 정반대의 의견을 냈을까? 한 역사 강사는 동인인 김성일이 동인을 대표하여 서인인 황윤길의 침략설을 무조건 부정했다고 설명했다. 어떤 학자는 김성일이 일본의 침략설을 부정한 이유는 쓸데없이 전쟁을 대비하느라 민심이 소요될까 두려워 그랬다는 학설을 내세우기도 한다.

강사의 의견이든 학자의 주장이든 김성일의 논리는 엄청난 결과를 자아냈다. 사신단의 의견이 달라서 일본의 침략에 대비하지 못한 조선은 수많은 백성이 죽음을 당하고 왕이 피신하는 지경에 이르렀다. 따지고 보면 일본이 돌아간 것이지, 조선이 승리한 것은 아니었다. 전쟁이라는 참혹한 결과는 동인의 입장에서 보면 집단을 위한 올바른 판단이었을지 모른다.

김성일은 동인이 주도권을 뺏긴다면 집단의 패배로 이어질까 걱정했을 것이다. 일본과의 전쟁을 철저히 준비해야 한다는 것을 알면서도 정치적 세력 싸움에서 한쪽이 주도권을 가지기 위해 일부러 반대 의견을 고집했을 수 있다. 이처럼 자신이 속한 집단을 위한 일이었으나 참혹할 정도로 큰 문제를 야기하는 경우는 영업 일선에서도 많이 볼 수 있다.

영업팀의 상사가 훌륭하다면 그의 성과를 위해 밀어내기도 감내하는 경우가 있다. 위에서 지시한 것이 아닌데도 스스로 상사를 위해 잘못된 일을 수행하기도 한다. 걸리지만 않는다면 존경하는 상사가 성과를 내고, 자신도 성공에 대한 보상을 받을 수 있다는 것을 알기 때문에 '눈 딱 감고 이번 한 번만 밀어내기 하자.'는 결정을 내릴 수 있다.

집단이기주의가 기업을 망친다

'선한 의도가 낳은 잘못된 결과'는 상사와 자신이 속한 집단을 위해 충분히 일어날 가능성이 있는 시나리오이다. 서양의 연구에서도 이에 대한 흥미로운 가설 증명이 있어 소개한다. 〈비즈니스 윤리 저널(Journal of Business Ethics)〉이라는 글로벌 유수의 학술지에 실린 연구이다. 이 연구에서 직원들 간에 공정한 문화를 가진 기업은 회사를 위한 행동일지라도 비윤리적인 행동은 하지 않는다는 가설을 입증했다. 공정한 문화를 가진 기업은 존경받는 기업이다. 이런 기업은 조직문화도 좋기 때문에 비윤리적인 행동은 잘 받아들여지지 않고 직원들도 하려고 하지 않는다. 그러니 조직을 위해서 하는 행동이라도 비윤리적인 행동은 하지 않는 것이 이러한 조직문화를 가진 기업의 행동 패턴이다. 즉, 조직이 훌륭하면 나쁜 행동이 일어나지 않는다.

그런데 주목할 점은 만약 상사와 직원 간에 관계가 좋다면, 공정한 문화를 가진 기업이라도 비윤리적인 행동을 한다는 것이다. 자신이 도덕적 가치관이 뚜렷하더라도 나쁜 행동을 할 수 있다는 것도 증명되었다. 선한 의도로 잘못된 결과가 만들어질 수 있는 것이 증명된 셈이다. 일반적으로 '주군의 성공을 위해 이 한 목숨 바치겠다.'는 사고는 지극히 동양적이라고 생각했지만 서양도 같은 맥락에 놓여 있음을 보여준 연구이다.

훌륭한 사람들과 좋은 조직 분위기에서도 상사의 생존을 위해 밀어내기를 실행하는 사람들이 있다. 조직 분위기가 좋고, 회사의 성과관리시스템이 잘 만들어져 있으며, 영업직원의 동기부여에 대한 강한 의지가 있는 조직에서도 비정도 영업이 발생할 가능성이 있는 것이다. 따뜻한 영업이 잘못된 결과를 가져올 수 있으므로 회사와 리더는 이 부분에 대해 유념해야 할 것이다.

따뜻한 디지털 채널
: 글로벌 온라인 쇼핑몰

　디지털 세상에서 중요한 역량으로 따뜻함 영업역량에 관해 강조했다. 고객을 자주 만나지 못하는 환경에서 따뜻한 영업직원은 고객의 감정과 행동에 더 강한 반응을 불러일으킨다. 그렇다면 디지털 채널의 따뜻함은 어떨까? 디지털 채널을 통한 고객과의 소통은 이성적이기만 할까? 고객은 디지털 채널에서도 따뜻한 소통을 원한다. 그리고 그 따뜻함이 고객의 충성도에 영향을 미친다. 따뜻한 디지털 채널을 통한 영업이 고객의 감정과 행동에 긍정적인 반응을 일으킨다.

　마케팅 전문가 크리스 말론과 심리학자 수전 피스크 교수는 브랜드의 따뜻함이 고객의 감정과 행동에 긍정적인 역할을 하고, 브랜드의 유능함보다 더 강하게 작용한다고 했다. 그들은 연구를 통해 디지털 채널, 온라인 쇼핑몰에서의 따뜻함이 고객의 감정과 행동에 미치는 영향도 다루었다.

그들은 미국 대형 소매업체인 아마존과 월마트를 포함해 오프라인 매장과 온라인 쇼핑몰의 따뜻함과 유능함이 어떻게 고객 충성도에 작용하는지 연구했다. 미국의 대형 소매업체도 따뜻한 이미지가 유능함보다 더 강하게 고객 충성도에 영향을 미쳤으며, 더 흥미로운 것은 오프라인 매장보다 온라인 쇼핑몰에서 따뜻함이 유능함보다 고객 충성도에 더 강하게 작용했다. 오른쪽의 그래프는 고객 충성도와 따뜻함, 유능함의 관계를 측정한 것이다.

따뜻함에 이끌리는 인간의 본성은 아날로그 세상이나 디지털 세상이나 마찬가지이다. 인간의 본성은 디지털 테크놀로지가 지배하는 세상에서 더 인간적인 접근 방식을 선호한다. 그렇다면 인터넷과 모바일 세계에서 어떻게 따뜻함을 전달할 수 있을까? 어떻게 인간적인 면모를 보여줄 수 있을까?

고객에게 디지털로도 따뜻한 모습을 전달할 수 있다. 소셜미디어와 이메일 등을 통해 고객에게 정보를 전달하는 것만이 아니라 이것을 소통의 도구로 사용하면 된다. 이는 고객에게 '이 사이트는 나를 케어하네!'라는 생각을 가지게 하고 따뜻한 사이트라고 느끼게 한다. 따뜻함이 전달되면 그 기업에 대한 좋은 감정과 좋은 행동으

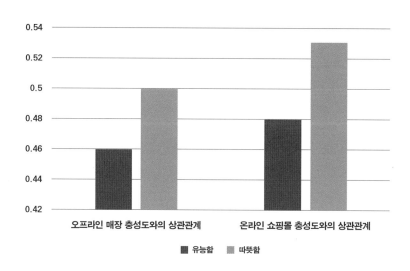

오프라인 매장 충성도와의 상관관계　　온라인 쇼핑몰 충성도와의 상관관계

■ 유능함　　■ 따뜻함

로 표시된다.

예날 옛적부터 인간은 따뜻함과 유능함을 인식하도록 진하되어왔
다. 이 중 따뜻함이 더 강하게 인식되고, 이를 통해 감정과 행동이 반
응하도록 발전해왔다. 디지털 채널의 소통에서도 따뜻함은 중요한
요소이다. 우리가 디지털 기술을 어떻게 활용하느냐에 달려 있다.

한 번의 기회를 완벽하게!
_ 통신기업 B2B영업담당 임원

Q "이제는 B2B기업 고객들도 화상회의를 한다고 들었습니다. 전에는 상상도 할 수 없었는데 본부장님의 고객들은 어떤지요?"

A "제 고객은 주로 대기업입니다. 사실 많은 예산을 가지고 있는 갑이지요. 코로나 이전만 해도 영업직원은 기업고객을 알현해야 했습니다. 약속 잡기도 어렵고 한번 잡으면 절대로 늦지 않아야 했지요. 신뢰가 쌓이기 이전에는 전화로도 용건을 말하기조차 어려웠습니다. 무조건 대면해야 했으니 화상회의는 언급할 필요조차 없었습니다. 고객을 만나려면 약속을 잡고 고객기업을 찾아가서 만나야 했던 것이 현실이었습니다.

그런데 코로나19가 고객의 행동 패턴을 바꾸어버렸습니다. 비대면으로 줌, 웹엑스 등을 사용했는데, 이제는 비대면도 괜찮은 소통 방법이라는 것을 고객도 알게 된 것 같습니다."

Q "화상회의를 통한 비대면 소통이 좋은 것만은 아닐 것 같습니다. 고객과 처음 만나야 하는 경우 화상회의를 잡기는 더 어려울 것이고, 화상회의를 한다고 하더라도 초기에 고객의 주의를 끌지 못하면 듣지도 않을 것이 뻔해 보입니다. 더구나 구매를 유도하기 위해 하는 고객과의 화상회의는 짧은 시간에 고객의 관심을 끌지 못하면 기회를 날릴 가능성이 높으니까요."

A "맞습니다. 처음 접근하는 고객은 화상회의를 잡기 어렵습니다. 그래서 첫 화상회의가 매우 중요합니다. 고객과 제가 서로 믿음을 가지는 것이 제일 먼저인데, 비대면 회의는 대면 회의와 달리 서로 믿기가 더 어렵거든요.
비대면과 대면을 단계별로 적절하게 조합해야 합니다. 우선 첫 회의를 잡습니다. 이것부터 무척 어려운데 이제부터 시작이지요. 첫 회의는 대면이 좋은데 비대면도 괜찮습니다. 고객도 이제는 상대방을 알기 전에 굳이 대면 회의를 해서 시간을 뺏기는 것을 싫어하는 듯합니다. 회의가 잡히면 첫 번째 회의를 완벽하게 준비합니다. 첫 번째 만남에서 관심을 끌어내야 그다음 회의로 이어지거든요.

대면 회의만 하던 때와 달리 비대면 회의는 고객이 관심을 잃으면 더 안 만나려고 합니다. 대면 회의만 하던 때에는 고객이 있는 곳으로 가면 되는데, 비대면 회의는 줌 어드레스를 안 가르쳐주면 방법이 없거든요. 영업하는 사람은 고객과의 처음 소통이 더 어려워졌습니다. 첫 번째 회의를 완벽하게 준비해서 잘 하고 나면 이후에 정기적인 화상회의를 제안합니다.

보통 정기 화상회의는 2주에 한 번 정도 요일과 시간을 정해서 진행합니다. 매번 회의의 준비는 철저히 합니다. 정기 회의가 잘 지속되면 고객과 자연스럽게 신뢰가 쌓여갑니다. 그러다 고객이 먼저 저녁을 먹자고 제안합니다. 한국에서 밥을 같이 먹자고 하는 것, 특히 저녁과 술을 같이 하자고 하는 것은 신뢰가 만들어진 것이라고 볼 수 있지요. 저녁과 술을 거나하게 먹고 나면 그 뒤는 보통 잘 진행되어 계약으로 골인합니다. 이제는 온라인과 오프라인 소통이 적당하게 어우러져 진행되는 것 같습니다."

실력 있는 영업인들은 시장의 변화에 잘 적응한다. 작은 변화에 슬기롭게 대처해나가는 영업직원은 큰 변화도 역시 슬기롭게 대처하고 있는 것이다. 이 영업임원 역시 누구도 가르쳐주지 않은 하이브리드 세일즈를 구사하고 있다. 사실 비대면 소통이 시작된 것은 영업직원에게 좋은 것만은 아니다. 잠재고객을 발굴해야 하는 영업직원은 고객과 신뢰를 쌓기가 더 힘들어졌기 때문이다. 비대면 소통으로 시작된 첫 만남에서 신뢰를 쌓고 결국 매출을 일으키기 위해서는 비대면과 대면 소통을 영업 단계에 따라 적절히 구사하는 하이브리드 세일즈 전략을 펼쳐야 한다.

HUMAN TOUCH

+

DIGITAL

=

HYBRID SALES

영업 환경은 끊임없이 변한다. 동시에 고객은 진화한다. 변해가는 환경에 그때그때 적응하며 영업직원은 전략을 짜고 영업을 수행한다. 기업과 리더는 전통적인 대면 역량과 디지털 기반의 비대면 역량을 구비한 영업직원을 채용하고 육성하는 노력을 기울여야 하며, 개개의 영업직원은 두 역량을 모두 준비해야 한다. 하이브리드 세일 즈 전략을 실행해야 하는 시대를 맞이한 것이다. 하이브리드 세일즈는 디지털 시대 의 소비자 행동의 변화로 전통적인 대면 영업과 디지털 기반의 비대면 영업을 목적 에 따라 구사하는 통합 영업전략이다. 디지털 역량과 감성 역량은 물론 전통적인 영 업핵심역량을 갖춘 영업전문가만이 고객을 만족시키고 시장에서 성공할 수 있다.

PART 9

하이브리드
세일즈

21

다양한 모든 경로를
이용해 소통하라

하이브리드는 특정한 목적을 달성하기 위해 두 개 이상의 기능이나 요소를 합친 것이다. 하이브리드 자동차는 전기모터와 내연기관에 의해 작동되고, 하이브리드 카메라는 아날로그 카메라와 디지털 카메라의 장점을 결합한 것이다. 일반적으로 아날로그와 디지털을 합치면 하이브리드라고 일컫는다.

하이브리드 세일즈에 관한 학자들의 연구는 시작 단계이다. 그러나 현장에서 일어나는 기업의 변화에 빠르게 대응하는 글로벌 컨설팅기업들은 하이브리드 세일즈에 관해 정의를 내리고 보고서도 발표하고 있다. 보스턴컨설팅그룹은 하이브리드 세일즈란 '진정한 옴니채널 고객 경험을 창조하는 것'이라고 정의했다. 가트너는 고객 관점에서 하이브리드 세일즈란 '고객에게 적절한 채널을 통해 적절한 메시지를 적절한 시기에 제공하는 것'이라고 했고, '대면이나 디지털 채널 혹은 두 개의 혼합 채널을 통해 어떻게 소통할 것인지에 관해 고객이 선택하게 하는 것'이라고 정의했다. 맥킨지는 '비디오, 전화, 앱 혹은 비정기적인 대면 방문을 통해 고객과 소통하는 것'이라고 정의했다.

하이브리드 세일즈는 디지털 시대의 소비자 행동의 변화로 전통적인 대면 영업과 전화, 온라인, 비디오를 통한 디지털 기반의 비대면 영업을 목적에 따라 구사하는 통합 영업 전략이다. 상황에 따라 디지털 소통과 아날로그 소통을 적절하게 사용하여 고객과 관계를 쌓고 고객에게 가치를 제공하는 전략이다. 하이브리드 세일즈는 소통 측면에서는 대면 소통과 비대면 소통을, 역량 측면에서는 고객가치 역량과 고객관계 역량을 상황에 따라 구사하는 영업 전략이다. 하이브리드 세일즈 모델이 성공하기 위해서는 감성 역량과 디지털 역량이 함께 요구된다. 영업직원은 두 가지를 모두 구사할 수 있는 양손잡이로서의 역량을 가져야 한다.

하이브리드 세일즈의 변천

고객과의 관계 형태와 영업의 소통 측면에서 하이브리드 세일즈

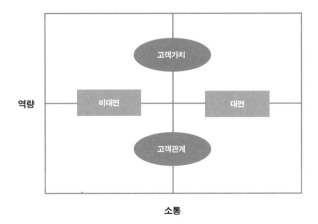

가 어떻게 자리 잡아왔는지 살펴보자. 코로나19 이전에 B2C 영역에서 대부분을 차지하는 거래지향 영업은 비대면 영업과 대면 영업이 함께 이루어지다가 코로나19가 창궐했을 때에는 대면 영업이 대폭 줄었다. 궁극적으로는 비대면과 대면이 함께 소통하는 옴니채널의 시대가 더욱 확고해질 것으로 예상하고 있다.

한편 B2B 영역의 근간을 이루고 있는 관계지향 영업에서는 코로나19 이전에는 대면 영업이 일반적이었다. 코로나가 활성화되던 시기에는 비대면 영업이 크게 늘었다. 이후에는 디지털 환경의 비대면 영업이 유지되면서 대면 영업이 다시 늘어나는, 디지털과 물리적인 소통이 함께하는 하이브리드 세일즈 시대가 자리 잡을 것으로 보고 있다.

하이브리드 세일즈는 시장에서 먼저 경험하고 시도하고 있었다. 현장이 연구보다 앞서나간 것이다. 왜냐하면 현장의 영업전문가들은 생존해야 하므로 하이브리드 세일즈가 무엇인지 모르지만 일찍이 방법을 찾아내어 자신의 영역에서 적용하고 있었다. 현장에서 만난 영업전문가들은 이미 비대면 소통과 대면 소통을 적절히 섞어 고객과 소통하고 있었고, 물리적 방법과 디지털 툴을 상황에 맞게 사용하여 고객의 니즈를 만족시키고 있었다.

그 후에 영업 현장의 니즈를 인지한 컨설팅기업들이 하이브리드 세일즈에 대한 구체적인 방법론을 찾아내고 있다. 유통의 옴니채널이 시장의 니즈를 만족시키는 전략이 되었듯이 영업은 하이브리드 세일즈가 시장의 니즈를 만족시키는 전략이 될 것이라고 예측한다.

소비자는 영업직원에게 '옴니채널의 경험'을 기대한다

하이브리드 세일즈 전략을 구현하기 위해서 영업직원은 하이브리드 세일즈 역량을 개발해야 한다. 하이브리드 세일즈 역량은 고객관계 역량과 고객가치 역량의 합이다. 전통적인 영업직원은 이것이 대면 영업을 통해서만 가능하다고 믿었다. 그러나 디지털 세상에서는 온라인 상에서 관계와 가치를 만들고 제공한다. 온라인과 모바일 쇼핑은 이제 대세이기 때문이다.

디지털 상에서 고객관계를 맺고 고객가치를 제공하면 디지털 상

코로나19 이전

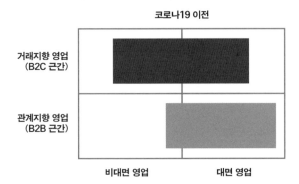

코로나19 기간

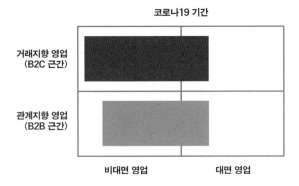

코로나19 이후

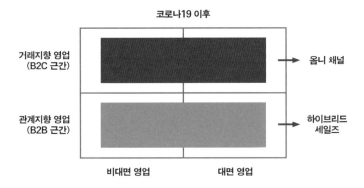

에서 영업역량을 가지는 것이다. 물론 전통적인 대면 소통으로 고객 관계를 맺고 고객가치를 제공하는 역량은 당연히 있어야 한다. 여러분이 전통적인 영업역량이 우수하다면 디지털 영업역량을 쌓기 위해 노력해야 할 것이고, 디지털 영업역량이 훌륭하다면 전통적인 영업역량을 개발하기 위해 투자해야 한다.

디지털과 아날로그를 합쳐서 소통하면 관계를 맺고 유지하는 것은 어려운 일이 아니다. 전통적인 아날로그 영업역량은 지적인 역량과 감성적인 역량으로 구성되는데, 디지털 세상에서는 감성 역량의 중요성이 더욱 커지고 있다. 온라인 소통이 빈번한 환경에서는 오프라인 상에서 신뢰를 쌓을 시간이 부족하기 때문이다.

이 때문에 비대면 경험을 한 고객들은 한 채널이 아닌 다양한 채널을 통해 소통하기를 원한다. 기존의 대면 채널에 추가하여 다양한 디지털 채널을 통한 거래를 하려고 한다. 고객은 소비자로서 유통에서 이미 경험한 옴니채널의 경험을 판매자에게 기대하는 것이다. 따라서 기업은 기존의 대면 영업 방식과 더불어 디지털 채널을 통해 고객과 관계를 맺고 유지하는 것에도 투자해야 한다. 디지털 채널 소통을 위한 새로운 고객 대면 프로세스와 내부 인프라를 구축해야 한다. 이에 관하여 페이지를 넘겨 살펴보자.

22

하이브리드 세일즈
시스템 구축하기

기업은 새로운 고객 대면 프로세스와 내부 인프라를 기반으로 한 하이브리드 세일즈 시스템을 구축해야 한다. 네 가지 방법을 소개한다.

첫째, 고객이 다양한 채널을 경험할 수 있도록 해야 한다. 기존의 물리적 채널인 대면 채널을 유지하되 고객이 언제든 소통할 수 있는 디지털 채널을 추가해야 한다. 소비자로서 경험한 옴니채널의 경험을 똑같이 느끼게 해주어야 한다. 옴니채널 경험 구축은 다양하게 할 수 있다. 제품과 서비스는 디지털 채널을 통해 경험하게 하고, 구매 의사결정은 영업직원을 통해 경험하게 할 수도 있다. 화장품 매장 점주처럼 한 사람이 매장 영업과 라이브 방송을 할 수도 있다. 고객에게 다양한 채널을 경험하게 하기 위해서는 제품 중심 조직이 아니라 고객 중심 조직을 고려해봐야 할 필요도 있다.

둘째, 하이브리드 세일즈 방식으로 운영해야 한다. 현장에서의 영업 역시 하이브리드 방식으로 진화해야 한다. 기존의 대면 영업은 영업직원이 하고, 비대면 디지털 영업은 디지털 세일즈팀이 하는 것이 아니다.

영업직원이 간단한 데이터는 직접 분석하고, AI 챗봇과 소통하고, 이메일과 소셜미디어를 이용하여 디지털 셀링을 구사해야 한다. 아울러 디지털 시대에 더 중요해진 진정성, 정서지능, 따뜻함을 사용한 감성 영업도 함께 진행한다. 하이브리드 세일즈팀은 궁극적으로 감성 역량과 디지털 역량을 동시에 갖춘 영업직원으로 구성되어야 한다.

셋째, 하이브리드 세일즈를 가능하게 하는 양손잡이 역량을 개발하고 육성해야 한다. 최근 맥킨지 조사에 의하면 고객 응답자의 76%가 대면 영업의 중요성을 강조했는데, 한 달에 한 번 이상은 대면 미팅을 해야 하며, 이는 영업직원과 그 기업이 고객과의 관계를 얼마나 중요하게 생각하는지에 관한 지표라고 응답했다.

응답자의 59%는 한 번 이상은 직접 만난 적이 있는 경우에만 구매할 것이라고 대답했다. 하이브리드 세일즈 접근 방식에서도 여전히 대면 영업을 통한 관계의 중요성을 보여주는 결과이다. 대면 미팅을 통한 감성적인 접근, 즉 휴먼 터치도 하이브리드 세일즈에서 매우 중요한 역량임을 알아야 한다. 기업과 리더는 감성 역량과 디지털 역량을 함께 갖춘 영업직원을 선발하고 개발하고 육성해야 한다.

넷째, 마케팅과 영업의 원활한 협업 시스템을 구축해야 한다. 2021년 맥킨지 서베이에 참여한 응답자의 89%는 그 어느 때보다 영업과 마케팅이 긴밀하게 협력해야 한다고 주장했다. 다양한 요구를 하는 고객, 수많은 하이브리드 채널, 데이터 분석의 필요성, 개인화된 콘텐츠의 개발 등으로 이제는 영업과 마케팅은 한 몸이 되었다. 영업과 마케팅, 서비스가 통합되어 관리되고 운영되어야 한다. 그러기 위해서는 영업과 마케팅부가 동일한 성과 지표로 관리되어야 하며 CRM 툴을 통해 프로세스의 통합도 이루어져야 한다.

기업마다 하이브리드 세일즈에 접근하는 방식이 다르다. 디지털 채널에 좀 더 투자해야 하는 기업, 물리적인 대면 채널에 더 집중하는 기업, 중소기업 고객을 위주로 영업해야 하는 기업, 하이브리드 세일즈팀을 따로 구분하지 않고 모든 영업직원이 영업 접근 방식에서 하이브리드 세일즈를 구사해야 하는 기업 등 기업의 환경과 영업 상황에 따라 맞춤형 하이브리드 세일즈 접근이 필요하다. 모든 기업이 같은 하이브리드 세일즈 시스템을 구축하는 것은 아니다.

하이브리드 세일즈 시스템과 프로세스를 만들 때에는 감성 역량과 디지털 역량의 비중을 어떻게 조정할지도 각각 다를 것이다. 기업의 환경과 전략, 고객의 상황에 따라 감성 역량과 디지털 역량을 배분해야 한다. 앞서 감성 역량이 더욱 중요해졌다고 논의한 바 있다. 기업의 상황에 맞는 하이브리드 세일즈 시스템을 구축하기 위해서는 이 두 가지 역량이 다 중요함을 인식하고 출발해야 한다.

하이브리드 세일즈를 구축할 때 유의할 점

하이브리드 세일즈 시스템을 구축하고 양손잡이 역량을 구사하기 위해서 몇 가지 고려할 사항이 있다.

첫째, 기업과 조직에 맞는 효과적인 영업 방법을 고민해야 한다. 모든 고객과 모든 영업 단계에 하이브리드 세일즈를 적용할 필요는 없다. 어떤 고객 세그먼트에는 디지털 채널을 주 채널로 하고, 어떤 고객 세그먼트에는 대면 채널을 주 채널로 할 것인지를 고려해야 한다.

어떤 영업 단계에는 디지털 소통을, 어떤 영업 단계에는 대면 소통을 할 것인지도 고려해야 한다. 잠재고객 발굴 단계에서는 데이터를 분석하고 디지털로 소통하고, 판매 종결 단계에서는 대면으로 소통하는 것을 기본으로 할 수도 있다. 규모가 작은 소상공인 고객 세그먼트는 처음부터 끝까지 디지털로 소통할 수도 있다. 고객의 상황과 기업의 환경에 따라 하이브리드로 접근할 것인지, 디지털 혹은 대면으로만 접근할 것인지를 고려해야 한다.

둘째, 영업조직과 영업 프로세스의 재설계를 검토해야 한다. 디지털 트랜스포메이션은 테크놀로지의 발전을 이용해 기업의 체질을 바꾸고 혁신하는 전사적인 노력이다. 영업의 디지털 트랜스포메이션을 포함한 하이브리드 세일즈 시스템 구축도 기업의 체질을 바꾸는 영업 측면의 혁신이다. 전사적인 혁신은 조직과 문화, 프로세스의 변화를 가져온다. 따라서 하이브리드 세일즈 시스템을 구축할 때 조직과 프로세스를 전체적으로 보아야 한다. 영업조직도 전통적인 대면 영업조직, 디지털 영업조직, 이를 조합한 하이브리드 영업조직의 장단점을 따져 조직의 재설계를 고려해야 한다.

셋째, 고객 중심의 영업역량 개발과 육성 로드맵을 고려해야 한다. 감성과 디지털 역량을 포함한 하이브리드 세일즈도 결국은 장기적인 고객관계를 빼놓고 얘기할 수 없다. 디지털 세일즈로 바꾸고 하이브리드 세일즈로 진화한다고 해서 전통적인 영업역량을 개발하고 육성하는 것을 소홀히 할 수 없다.

디지털 소통만으로 신뢰를 만들기가 어렵다고 했다. 기존의 전통적인 영업역량은 당연히 육성되어야 하고, 여기에 감성 역량과 디지털 역량을 개발하고 육성하는 로드맵을 고려해야 한다.

넷째, 변화 관리를 해야 한다. 조직의 변화, 프로세스의 변화, 역량의 변화를 체계적으로 관리해야 하고, 변화의 지속성을 위해 직속 관리자의 코칭이 더해져야 한다. 디지털 역량을 새로 배우고 익혀야 하는 영업직원의 스트레스는 클 것이고, 자칫하면 그들의 사기를 떨어뜨릴 수도 있다. 이를 고려한 사기 진작 프로그램 등을 만들어 팀의 사기를 고양하는 방안도 함께 고려해야 한다.

하이브리드 세일즈로의 발전은 영업역량의 진화, 시스템과 프로세스의 변화, 조직의 변경 등 다양한 변화와 혁신을 요구한다. 조직의 혁신을 위해 CEO가 이끄는 변화 관리의 중요성이 필요한 이유이다.

하이브리드 세일즈를
정착시킨 기업들

미국과 유럽을 기반으로 한 글로벌기업은 일찍부터 디지털 셀링을 시작했다. CRM 툴과 같은 소프트웨어 툴이 시장에 나올 때부터 소규모 고객을 관리하기 위한 방법으로 디지털 셀링을 시작했다. 10~20년 전부터인 것으로 추정된다. 사실 소규모 고객을 관리하는 방법으로 디지털 셀링을 시작했던 글로벌기업들은 코로나19를 겪으면서 하이브리드 세일즈로 자연스럽게 진화했다. 디지털 역량의 필요성에 관한 조직 내의 컨센서스가 고객의 옴니채널에 대한 경험과 만나 변화를 도운 것으로 보인다.

이 중 글로벌 제약기업들이 팬데믹을 겪으면서 비대면 영업을 할 수밖에 없는 상황이 되었고, 디지털 셀링의 컨센서스와 고객 경험을 바탕으로 하이브리드 세일즈로 다소 수월하게 진화했다. 몇몇 제약 기업의 하이브리드 세일즈 사례를 살펴보자. 애브비(Abbvie)는 코로나가 창궐했던 2020년에는 어쩔 수 없이 비대면 영업이 주가 되다가 2021년 이후에 대면과 비대면 영업을 병행하고 있다. 이메일, 소셜미디어 등 다양한 채널과 콘텐츠를 개발하여 사용하고 있다.

로슈(Roche)는 온라인과 오프라인을 구분하지 않는 통합적인 영업 전략을 구사하고 있다. 대면 영업 방식을 유지하면서 내부적으로 운영하는 디지털 플랫폼에 고객이 가입하도록 유도하고 이를 통해 온라인으로 관리하는 전략을 취한다.

사노피 아벤티스는 고객의 니즈와 시장 변화를 기반으로 가장 효과적인 채널을 운영하고 있다. 대면과 비대면 중에서 어느 한쪽에 집중하는 것이 아니라 두 채널 모두를 활용하는 내부 역량을 개발하는 데 집중한다.

릴리(Lilly)는 스튜디오와 전문 인력을 활용한 비대면 마케팅과 비대면 영업을 강화하고 있으며, 미국의 제약회사 MSD는 의료진 고객과의 소통 방식에서 원격 디테일링, 웹캐스팅 심포지엄 등 비대면 채널을 통한 소통을 늘려가고 있다. 이들은 디지털 셀링을 통한 비대면 채널 소통을 강화하고 있다.

기업의 영업은 하이브리드 세일즈로 진화하고 있다. 글로벌 제약

기업들의 변화 역시 그러하다. 그러나 중요한 것은 하이브리드 세일즈로의 발전은 디지털 역량만으로 되지 않는다는 점이다. 디지털 기술의 변화를 휴먼 터치의 감성 역량으로 감싸 안아야 진정한 하이브리드 세일즈 전략을 펼칠 수 있다. 디지털 역량을 바탕으로 한 하이브리드 세일즈가 아니라 감성 역량을 바탕으로 한 하이브리드 세일즈가 더 적당한 표현이다.

전통적인 영업역량은 여전히 중요하다

_ 컨설팅기업 컨설턴트

Q "기업 컨설팅을 진행하다 보면 많은 고객과 만나야 되는데, 최근에는 만나기가 쉽지 않았잖아요. 고객과 미팅을 어떻게 진행하는지 궁금합니다."

A "2020년만 해도 코로나19때문에 고객을 거의 못 만났습니다. 그때만 해도 회사가 내부뿐만 아니라 고객과의 외부 미팅에 대한 가이드라인을 정해서 고객을 아예 못 만나게 했습니다. 혹시 고객을 만났다가 코로나 확진이라도 되면 낭패였으니까요. 회사 지침이 꽤 엄격했습니다. 그런데 이 가이드라인은 고객도 마찬가지였습니다.

서로 소통을 안 할 수는 없으니까 비대면 소통을 했어요. 자연스럽게 고객이 이메일, 화상회의, 소셜미디어 등에 익숙해졌습니다. 기업고객은 친해진 후에는 모를까 전화나 이메일로 소통하는 것이 쉽지 않았습니다. 그런데 이제는 비대면 소통에 익숙해졌습니다. 여러 사람이 모여서 의논할 것이 있으면 화상회의를 하자고 고객이 먼저 제안하기도 합니다."

Q "이제 고객도 대면과 비대면 소통이 다 가능해졌네요. 어느 것이 구매 계약을 이끄는 데 중요하다고 생각하는지요? 당연히 대면 소통이겠지요?"

A "여전히 대면 소통이 중요하긴 합니다. 코로나 상황이 심각할 때에도 고객이 먼저 직접 만나자고 제안한 적도 있습니다. 컨설팅 계약 조건 등 중요한 사항은 전화나 화상으로는 믿음이 안 간다고 코로나가 걸리더라도 만나자고 하더라고요. 몰래 만나기로 해서 고객사와 우리 회사 근처가 아닌 제3의 장소에서 만나기로 했어요. 혹시 모르니 마스크도 여러 장씩 쓰고 만났습니다. 중요한 사안이니만큼 얼굴을 보면서 얘기해야 한다고요.

고객이나 우리나 대면 소통의 중요성을 확실히 알고 있습니다. 그런데 이제는 모든 과정을 대면으로만 할 필요는 없어 보입니다. 고객도 그렇게 생각합니다. 코로나는 고객이 비대면 소통을 경험하게 했고, 대면과 비대면 소통을 적절하게 배합해도 된다는 것을 알게 했지요. 그리고 비대면 소통을 할 때는 디지털 기술을 이용할 줄 알아야 합니다.

영업은 이렇게 합니다

이제는 카카오톡, 카카오 오픈채팅, 링크트인, 인스타그램, 페이스북 등 소셜미디어도 사용할 줄 알아야 하고, 이메일과 유튜브도 적절히 이용할 줄 알아야 할 것 같아요. 제 주위에도 소셜미디어와 이메일을 사용해서 영업하는 사람들이 많아지고 있습니다. 몇몇 금융기관에서는 AI 챗봇을 통해서 간단한 영업 활동을 하는 곳도 생겼고요. 확실히 디지털 기술을 이용한 비대면 영업 방식이 점점 많아지고 진화하는 것 같습니다."

대면 영업은 여전히 중요한 영업 방식이다. 상대방의 얼굴과 행동을 보며 섬세하게 관찰하고 소통하는 것은 아주 먼 옛날부터 인류가 해온 소통 방식이다. 그런데 이제 기술의 발달로 디지털 툴을 이용한 비대면 영업이 새로운 소통 방식으로 자리 잡았다. 디지털 기술을 사용한 비대면 영업과 감성 역량을 포함한 전통적인 영업역량이 모두 필요한 시대이다. 영업전문가는 왼손잡이, 오른손잡이도 아닌 양손잡이가 되어야 한다.

HUMAN TOUCH
+
DIGITAL
=
HYBRID SALES

새로운 영업인 '하이브리드 세일즈'는 디지털 소통과 휴먼 터치를 다 구사하는 영업
이다. 전통적인 영업핵심역량을 기초로 디지털 역량과 감성 역량의 '양손잡이 역량'
을 개발하여야 한다. 양손잡이 영업은 지금까지 다르게 쓰였다. 새로운 제품을 시장
에 내놓고 판매하는 영업도 잘하고, 원래 있던 제품을 파는 영업도 잘하는 것을 양
손잡이 영업이라고 했다. 고객에게 AS 서비스를 하면서 크로스셀링과 업셀링도 잘
하는 영업을 칭하기도 했다.
내가 정의하는 양손잡이 영업이란 대면 영업과 비대면 영업역량을 다 갖추고, 전통
적인 영업역량을 기반으로 디지털 역량과 감성 역량을 구사하는 것이다. 최근의 고
객과 시장의 변화에 적응하기 위해서는 양손잡이 영업인이 되어야 한다.

PART 10

양손잡이
영업역량

23

오른손잡이인가?
왼손잡이인가?

밥을 먹을 때 왼손을 쓰면 어른에게 혼났던 시절이 있었다. 왼손잡이 아이는 부모에게 혼이 나고 오른손잡이로 바꾸어야 했던 시절의 이야기이다. 당시에는 남과 다른 것이 잘 용납되지 않았던 때였다. 나의 지인은 밥은 오른손으로 먹는데, 글씨를 쓸 때는 왼손, 운동도 왼손으로 한다. 양손잡이이다. 어떻게 양손잡이가 되었는지를 물어보자 그가 대답했다.

"어려서 왼손잡이였는데 아버지가 못하게 했어요. 아버지가 볼 수 있는 식사 자리에서는 오른손으로 먹고, 아버지가 잘 보지 못하는 공부 시간에는 왼손으로 연필을 잡았습니다. 당연히 운동도 왼손으로 해서 테니스와 골프도 왼손 채를 사용합니다. 나는 왼손잡이인데 부친 때문에 양손잡이가 된 것이지요."

왼손잡이였는데 아버지로 인하여 양손잡이가 된 것이다. 오랫동안 가치가 있다고 여겨진 역량은 대면 영업역량, 즉 오른손잡이 역량이다. 그런데 디지털 기술의 발전으로 비대면 영업역량, 즉 왼손잡이가 나타나기 시작했다. 오른손잡이가 되어야 한다고 강요했던 아버지는 고객이다. 예전의 고객은 비대면으로 만나는 것, 왼손잡이를 용납하지 않았다.

이제는 신세대 아빠가 나타났다. 요즘 아빠들은 오른손잡이를 강요하지 않는다. 왼손잡이가 두뇌 발달에 좋고 개성 있다고 좋아한다. 비대면 영업이나 디지털 툴로 소통하는 것을 더 좋아하는 고객이 나타난 것처럼 말이다. 이제는 고객도 변한 것이다. 이에 따라 대면과 비대면 소통, 디지털과 감성 모두에 능숙한 양손잡이 영업역량으로 무장한 영업전문가가 되어야 한다.

나는 이 책에서 영업전문가의 양손잡이 역량, 즉 감성 역량과 디지털 역량에 관해 강조했다. 디지털 역량은 비대면 영업역량과 데이터 영업역량, AI 영업역량이며, 감성 역량은 정서지능 영업역량과 진정성 영업역량, 따뜻함 영업역량을 말한다. 양손잡이 역량은 기존의 전통적인 영업핵심역량에 기반을 두어야 한다. 이 기반 위에 감성 역량과 디지털 역량을 갖추어야 한다.

회사와 경영진은 양손잡이 영업전문가를 만들기 위해 여섯 가지

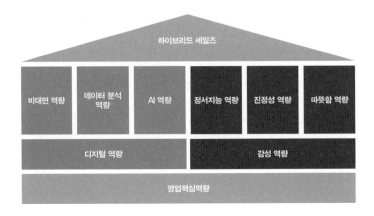

역량을 개발하고 육성하는 데 시간과 노력을 투자해야 한다. 그러기 위하여 감성 역량을 증진하기 위한 프로그램을 개발하고 디지털 역량을 쌓기 위한 교육을 진행해야 한다. 영업직원은 말할 필요조차 없이 여섯 가지 역량을 높이기 위해 개발된 프로그램에 적극적으로 참여하여 공부하고 경험하는 데 전력을 기울여야 한다. 회사와 경영진의 개발 계획에 참여할 뿐만 아니라 스스로 노력하여 역량을 높여야 한다.

오케스트라 지휘자처럼 양손을 활용하라

양손잡이는 오른손도 잘 쓰고 왼손도 잘 쓴다. 양손을 다 쓸 줄 아는 영업전문가는 전통적인 아날로그 방식의 영업도 잘하면서 디지털 영업역량도 보유하고 있다. 오른손은 잘 쓰지 못하면서 왼손만 잘 쓰는 사람은 왼손잡이나 다름없다.

기존의 전통적인 영업역량을 보유하는 것은 여전히 가장 중요하므로, 다시 한 번 강조하고자 한다. 영업핵심역량은 유능한 영업전문가가 되기 위한 역량 여섯 가지와 바른 영업전문가가 되기 위한 역량 한 가지로 구성되어 있다.

첫째, 신뢰관계 역량이다. 영업전문가는 대면 영업과 비대면 영업 모두에서 신뢰를 쌓는 것이 우선이다. 비대면으로 신뢰를 쌓는 것이 어렵기 때문에 여기서 감성 역량의 중요성이 부각된다.

둘째, 판매경로 역량이다. 판매경로 역량은 영업전문가의 관점에서 보는 경로가 아니다. 고객의 관점에서 접근해야 한다. 고객 입장에서 고객이 소통하는 경로를 이해하고, 이를 사용할 줄 아는 역량을 말한다.

셋째, 고객이해 역량이다. 고객과 고객의 사업, 고객의 경쟁 상황을 파악하고 있어야 고객의 니즈를 알 수 있다. 이를 위해서 쉼 없이 공부해야 한다. 책과 인터넷 등을 가까이해야 하고, 현장에서 고객, 파트너와 소통하면서 공부할 수도 있다. 공부하고, 연구한 고객의 니즈를 바탕으로 고객에게 적절한 제안을 할 수 있기에 이 역량은 다음의 역량을 위해 필요하다.

넷째, 가치제공 역량이다. 고객에게 적절한 가치를 제안할 수 있어야 한다. 고객을 알고, 고객의 사업을 이해하면 고객이 성공할 수 있는 가치를 제안할 수 있다. 이를 통해 자신의 가치를 차별화할 수 있다.

다섯째, 창조적 사고 역량이다. 고객의 상황은 가변적이며 복잡하다. 항상 경쟁자가 존재한다. 창조적이고 혁신적인 방법으로 고객을 만족시켜야 이 전쟁에서 살아남고 성공할 수 있다.

여섯째, 승부사 정신 역량이다. 모든 역량은 반드시 경쟁에서 이긴다는 생각이 밑바탕 되어야 한다. 이기기 위한 문화를 조직 안에 갖추어야 하고 승부사 정신이 항상 배어나도록 동기부여와 역량 개발이 필요하다. 승부사 정신이 있어야 길게 이어지는 비즈니스 전투에서 인내와 끈기가 발동된다.

일곱째, 감성의 정도 역량이다. 앞의 여섯 가지 역량은 유능한 영업전문가가 되기 위한 필수 역량이라면 감성의 정도 역량은 따뜻하고 올바른 영업전문가가 되기 위한 역량이다. 감성의 정도 역량은 과락의 역량이다. 이 역량이 갖춰지지 않으면 나머지 역량은 아무 의미가 없다.

이 일곱 가지의 영업핵심역량은 양손잡이가 가져야 하는 기본적인 역량이다. 디지털 세상에서 성공하기 위해서는 아날로그의 대면 영업역량과 디지털의 비대면 영업역량을 다 갖추어야 한다. 영업핵심역량은 양손잡이 영업인이 되기 위해 반드시 지녀야 하는 역량이다.

24

양손잡이 영업역량을
개발하려면

양손잡이 영업역량을 어떻게 개발할 것인지는 기업과 영업직원의 몫이다. 다만 이 역량을 개발하기 위해 무엇을 해야 하는지 생각해 보도록 하자. 먼저 회사와 리더들은 어떤 노력을 기울여야 할까?

첫째, 양손잡이 역량을 갖추기 위해 시스템과 프로세스의 재설계를 검토한다. 하이브리드 세일즈를 위해 조직을 검토하고, 프로세스를 들여다보아야 한다. 디지털 역량을 위해 영업과 마케팅의 긴밀한 협업 프로세스를 고민해야 하며, 고객의 구매 단계의 변화를 생각해서 영업 단계와 매칭을 고민해야 한다. 디지털 역량을 발휘하게 하기 위해 AI, 데이터, 세일즈테크를 위한 디지털 환경을 만들어야 한다.

영업직원의 필수 역량을 재정의할 필요도 있다. 영업직원의 채용 기준에 감성 역량인 진정성, 정서지능, 따뜻함과 올바름의 영역을 포함시키는 것을 검토해야 한다. 디지털 역량인 데이터 분석 역량, 비대면 영업을 위한 툴 적응 역량, AI 역량을 포함시키는 것도 검토해야 한다.

둘째, 적극적인 교육 투자를 검토한다. 데이터 분석 교육, 소셜미디어 사용 교육, 디지털 툴 교육 등 디지털 역량 강화를 위한 교육에 시간과 노력을 기울여야 한다. 정서지능 증진, 윤리 교육 등 감성 역량을 높이기 위한 교육을 기획하고 실행해야 한다.

셋째, 체계적인 변화 관리가 필요하다. 영업이 디지털 환경을 받아들이고 이를 이용하는 것은 매우 큰 변화이다. 오랫동안 바뀌지 않다가 급속도로 변화하고 있다. 이에 대한 조직원의 피로도 클 것이며 반발 또한 만만치 않을 것이다. 성공사례를 모아 전파하는 활동을 해야 한다. 또한 영업직원의 동기부여를 고민해야 한다. 그들의 피로를 낮춰주고 금전적, 비금전적인 보상 프로그램을 고려해야 한다. 영업직원과 항상 접촉하는 영업 관리자를 제대로 교육시켜 영업직원의 디지털 역량 강화와 감성 역량의 중요성에 관해 주기적으로 코칭하고 팀 사기를 관리하게 해야 한다.

고객을 만족시키려면 손과 발을 바쁘게 움직여라

영업직원 개개인의 디지털 역량과 감성 역량을 강화하기 위해서 어떤 것을 준비해야 하는지 생각해보자.

첫째, 디지털 역량 개발을 시도한다. 디지털 역량은 대부분의 영업직원에게 낯설다. AI를 이용한 영업, 디지털 셀링, 소셜 셀링, 데이터 분석 영업 등을 시도해보는 것이다. 처음은 어색하고 힘들겠지만 인터뷰한 영업전문가들의 사례에서도 볼 수 있듯이 고객과 관계를 맺고 제대로 된 가치를 제공하기 위해서 그것이 뭔지도 모르고 그들은 하고 있었다. 고객이 변했고 시장도 변했기 때문에 파는 사람도 당연히 적응해야 한다.

카카오 오픈채팅, 리멤버 커뮤니티를 이용해서 잠재고객을 발굴하고 카카오톡 메신저, 카카오톡 선물하기, 이메일을 통해서 고객과 관계를 유지하자. 링크트인과 페이스북, 인스타그램, 유튜브, 이메일을 이용해 고객에게 가치를 전달하는 시도를 해보자.

둘째, 데이터 분석 역량을 키운다. 데이터 분석 역량을 키우기 위해 무엇을 해야 할까? 인터넷 교육 프로그램에 참석해야 할지, 책을 사서 공부해야 할지 고민될 것이다. 이보다 앞서 여러분은 영업전문가이다. 영업전문가는 시장에서 놀아야 하고 거기에서 배워야 한다.

고객을 만나거나 시장에서 만나는 데이터를 기반으로 분석하는 연습을 하는 것부터 시작이다. 잠재고객을 발굴하기 위해 회사에 쌓인 고객의 데이터를 분석해보는 것이다. 혼자 하기 어려우면 마케팅팀과 협업해서 할 수 있다. 회사에 AI 시스템이 있다면 이를 이용해보는 것도 방법일 것이다. 다양하게 시도해보라.

셋째, 교육 프로그램에 적극 참여한다. 디지털 역량을 증진하기 위해 회사가 개발한 교육 프로그램에 적극 참여해보자. 정서지능을 높이기 위해 회사가 개발한 교육 프로그램이 있다면 이 또한 적극적으로 참여한다. 회사가 기획한 프로그램이 없다면 인터넷에 있는 외부 교육 프로그램을 찾아서 참여해보도록 한다.

넷째, 감성 역량을 발전시키기 위해 노력한다. 진정성, 따뜻함과 올바름, 정서지능 역량은 다소 추상적이다. 그러나 이것이 무엇인지는 각자가 잘 알 것이다. 마음으로 '진정성 있는 영업인이 되자!', '공감하는 영업인이 되자!', '올바르고 따뜻한 영업인이 되자!'라고 되뇌고 그 행동에 관해서 생각한다면 그 역량은 발전한다.

지금까지 디지털 역량과 감성 역량을 가진 양손잡이 영업인이 되기 위해 어떤 것들을 먼저 해야 할지 회사 입장과 개인 입장에서 몇 가지 살펴보았다. 물론 가장 중요한 것은 영업핵심역량이다. 이것은 양손잡이 영업을 하기 위한 기본 중의 기본이다. 그 위에 디지털 역량과 감성 역량을 더하는 것이다. 양손잡이 영업인이 되기 위해서는 영업핵심역량과 디지털 역량, 감성 역량을 개발하는 데 노력을 기울여야 한다.

25

디지털 시대와
잘 노는 방법

비대면 영업은 대면 영업과 비교하여 근본적인 어려움이 있다. 우선 고객과 라포를 형성하기 어렵다. 일반적인 영업 프로세스에서는 고객과 공식적인 관계를 맺기 이전에 서로 친근감을 갖기 위해 라포 형성을 최우선 단계로 정의한다. 영업직원은 정식 상담을 하기 이전에 취미 혹은 신변잡기 등의 이야기를 통해 마음을 열고 따뜻한 감정 교류, 공감을 끌어낸다. 그런데 이 라포 형성은 대면을 통해서 이루어진다. 전화 혹은 화상회의에서 농담과 신변잡기로 마음을 열기란 쉽지 않다.

아울러 비대면만으로 관계를 유지하기란 더욱 어렵다. 비대면 영업의 시초는 텔레마케팅이라고 할 수 있지만, B2B영업에서는 1990년대 중반부터 텔레커버리지라는 영업 접근 방법을 시도했다. 텔레마케팅은 많은 사람에게 익숙한 용어이다. 보험, 카드, 대출, 부동산 등 다양한 사업에서 타깃 고객과 메시지를 정하고 텔레마케터를 통해 구매를 촉진하는 마케팅 기법이자 영업 기법이다. 반면에 텔레커버리지는 원거리의 지방 고객이나 구매 규모가 작은 고객을 텔레커버리지 영업직원이 정기적으로 전화해서 니즈를 듣고 계약을 이끌어 내는 영업이다. 비대면 영업직원이 고객을 직접 담당하는 영업 방식의 첫 시도가 아니었을까 싶다.

텔레커버리지 영업직원은 전화를 통해 신규 고객이나 소규모 고객을 관리하다가, 가망 고객이 나타나면 대면 방문을 통해 계약을 진행했다. 비대면만으로 관계를 유지하기가 어렵기 때문에 결국 비대면과 대면 영업을 상황에 따라 함께 운영한 것이다. 그 당시에도 많은 고객이 눈앞에서 프레젠테이션하는 것과 달리 전화 혹은 화상 통화로 설명하는 것이 낯설고 이해하기 어려웠을 것이다. 기업이 영업직원의 디지털 채널 교육에 대한 투자가 미흡한 것도 원인이고, 영업직원들이 최신 테크놀로지에 대해 거부감을 갖는 것도 원인 중에 하나이다.

최근의 비대면 영업 역시 최신 테크놀로지를 빼고 얘기할 수 없다. 디지털 채널을 통한 소통이 인터넷, 모바일과 강력하게 연결되어 있다. 네트워크 연결에 문제가 생기면 디지털에 접속한 영업직원은 아무 일도 할 수 없다. 장애 없는 기계는 없다. 하드웨어이든, 소프트웨어이든, 앱이든 인터넷과 모바일의 연결 문제는 자주 발생하고 장애는 비대면 영업을 정지시킨다.

최신 기술에 익숙하지 않은 영업직원이거나 대면 영업에 오랫동안 종사했고 이를 신봉시하는 영업직원 등 많은 영업직원에게 비대면 영업의 테크놀로지와 프로세스는 낯설고 스트레스이다. 그렇다고 테크놀로지에 익숙한 MZ세대의 영업직원만으로 기업을 운영할 수는 없다. 오랜 경험을 가진 영업직원들이 신기술에 익숙해지게 하고 부담 없이 받아들일 수 있도록 기업과 리더가 노력해야 한다.

적합한 디지털 툴을 선택하라

기존의 영업 방식에 익숙하고 수담한 영업직원이 디지털 기술을 받아들이고 사용하는 데 피로가 매우 크다. 경영진과 리더는 새로운 테크놀로지의 변화를 적극적으로 받아들이고 사용할 수 있도록 영업직원을 도와야 한다. 기존 영업직원의 피로를 풀 방법에 관해 생각해보도록 하자.

첫째, 공감을 표현하자. 새로운 변화에 동참하는 것은 어려운 일이다. 영업직원은 자신의 목표를 달성하기 위해 영업 활동을 진행한다. 기술의 변화를 받아들이는 것도 어려운데, 이를 통해 목표를 달성해야 한다. 기술의 변화에 적응하느냐고 목표 달성에 어려움을 겪을 수 있다. 영업리더는 조급한 마음에 이렇게 말할 수 있다. "여러분, 이제 변해야 삽니다. 디지털 테크놀로지를 사용할 줄 모른다면 영업 직원의 미래는 없습니다. 하기 싫으면 하지 마십시오. 여러분의 자리는 조만간 없어질 것입니다." 리더는 이에 대하여 공감해야지 협박해선 안 된다. 이렇게 해보면 어떨까?

"여러분, 분기 목표를 달성해야 하는데 테크놀로지 교육도 받아야 하고 익숙하지 않은 방법으로 영업기회를 CRM 툴에 기록해야 하니 힘들지요? 이해합니다. 그러나 우리의 미래가 여러분의 새로운 기술에 대한 참여에 달려 있습니다." 이렇게 영업직원의 상황을 공감하고 참여를 종용해야 한다.

둘째, 개개인에게 적합한 테크놀로지를 선택하게 한다. 기술의 변화에 참여하게 하는 첫 단계는 영업직원이 선호하는 테크놀로지를 사용하게 하는 것이다. 전화, 화상회의, 소셜미디어 등 영업직원이 편안해하는 것을 먼저 사용하게 하고, 그 이후로 다른 디지털 툴을 사용하도록 이끌어야 한다. 자신에게 맞는 기술을 먼저 선택한 직원에게 이를 수용할 수 있는 툴을 제공하는 것이 옳다. 사실 영업직원에게 테크놀로지는 그 자체가 역량이 아니라 그것을 영업직원이 편안하게 받아들이는 것부터 시작된다.

셋째, 교육에 투자하고 서두르지 말라. 디지털 툴과 테크놀로지를 편안히 받아들이기 위해서는 교육에 투자가 필요하다. 충분한 시간도 필요하다. 리더는 영업직원의 교육에 노력을 기울여야 하며, 단기간에 효과가 나올 것이라는 기대도 내려놓아야 한다. 이는 큰 변화이므로, 변화 관리가 필요하고 시간도 필요하다.

넷째, 적절한 보상을 통한 동기부여가 필요하다. 영업직원의 성과는 역량 개발과 동기부여가 함께 어우러져야 된다. 경쟁사와 매일 전투를 치르는 영업직원은 영업역량만 가지고 성과를 기대할 수 없다. 영업직원의 동기부여가 그들의 성과를 만드는 또 하나의 중요한 변수이다.

'줌 피로(Zoom Fatigue)'라는 신조어가 있다. 코로나 대유행으로 재택근무를 하는 직장인이 늘어나면서 생겨난 현상인데, 줌을 사용하면서 발생하는 기술적 문제나 심리적 불편으로 발생하는 스트레스나 피로감을 말한다. 줌 피로의 여파로, 최근 영업전문가의 인터뷰에 의하면 온오프라인으로 신뢰가 쌓인 고객들이 접대 자리에서 과음한다고 한다. 사회적 거리두기가 풀리면서 식당에서 수많은 사람이 술과 음식을 과하게 즐기는 것을 종종 본다. 기술의 변화에 대한 사람들의 스트레스는 영업직원이나 일반인에게 모두 큰 것이다.

언청난 테크놀로지의 변화에 중심에 있는 영업직원에게 적절한 보상을 해주어야 한다. 보너스와 같은 금전적 보상과 더불어 칭찬해 주고, 감사 편지를 보내고, 수료증을 주는 것과 같은 비금전적 보상을 조합하여 그들에게 동기부여를 해주어야 한다.

매출과 이익 목표를 기한 내에 달성해야 하는 영업직원은 엄청난 압박을 받으며 생활한다. 그들에게 테크놀로지의 변화에도 적응해야 한다고 말하는 것은 무척 버겁다. 제한된 시간에 목표를 달성하라고 말하면서 교육도 받아야 한다고 설득하는 일이다. 영업리더는 적절한 동기부여, 공감, 기다림의 미학이 필요하다.

디지털과 휴먼 터치의 조화를 기대하며!

　시장의 변화를 가장 민감하게 받아들이고, 이에 대한 해결책을 제공해야 하는 기업이 있다. 전략 컨설팅기업이다. 그들은 시장의 변화를 슬기롭게 극복하는 방법을 기업에 제공해야 가치를 인정받을 수 있다. 코로나19가 시작된 직후부터 여러 컨설팅기업들이 영업의 디지털 트랜스포메이션을 넘어 '하이브리드 세일즈'에 대해 지속적으로 보고하고 있다. 시장의 변화를 읽고 대응해야 생존하는 컨설팅기업과 탁월한 영업전문가는 그 누구도 가르쳐주지 않은 하이브리드 세일즈를 몸으로 느끼고 이미 적용하고 있었다.

　"책을 읽는 독자들이 줄어 출판계가 많이 힘듭니다. 소셜미디어와 유튜브에 익숙해진 사람들이 지면보다 동영상과 간단한 문장을 선호하기 때문이겠지요. 그래서 우리 출판사도 종이에 기반한 산업에서 인터넷, 모바일, 동영상 같은 새로운 유형의 지적재산권 사업으로 다양한 시도를 하고 있습니다." 얼마 전 출판업계 지인으로부터 들은 이야기이다. 그러고 보니 첫 책을 낸 2016년에는 지하철에서 책을 읽는 사람들이 종종 있었는데, 지금은 모두 스마트폰만 보고 있다. 몇 량을 돌아다녀야 간신히 한 사람을 찾을 수 있는 정도이다. 출판 산업도 디지털 혁신의 시대를 맞이한 것이다.

그럼에도 불구하고 사람의 심리와 관련된 에세이는 꾸준한 반응이 있다고 한다. 온라인 서점과 책방에서 우리는 심리학 도서가 눈에 띄게 잘 진열되어 있는 것을 본다. TV와 유튜브, 칼럼 등에서도 우리는 심리학자 혹은 사람의 마음을 다루는 유명 강사들을 자주 접한다. 사람의 마음을 다루는 심리학과 공감의 콘텐츠가 대중으로부터 사랑을 받기 때문이다. 기술 혁신의 시대에 사람과 사람의 관계와 공감 등을 기반으로 한 휴먼 터치가 더욱 주목받고 있다.

돈을 다루기 때문에 보수적일 수밖에 없는 대형 은행도 디지털의 변화를 비껴가지 못하고 있다. 대면 접촉이 없는 디지털 은행의 출현으로 은행도 디지털 전환으로의 투자에 올인하고 있다. 그러나 디지털만으로 은행이 성공할 수 있을까? 디지털계의 거두인 아마존이 오프라인 매장을 열어 고객 경험을 다양화하는 것처럼 새로이 출현한 디지털 은행도 곧 점포를 개설하고 휴먼 터치를 시작하는 데에도 투자하지 않을까?

디지털 시대에 사람의 마음을 여는 방송과 동영상, 칼럼, 책 등이 많이 소비되는 것처럼 디지털 혁신을 추구하는 고객도 감성적인 부분, 즉 휴먼 터치를 함께 바란다. 디지털과 휴먼 터치는 따로 갈 수 없는 관계이다. 디지털 역량과 감성 역량은 조화롭게 융화되어야 한다. 이를 통해 고객을 감동시키고 고객의 경험을 풍요롭게 해야 한다.

성공하는 영업인으로 가는 길은 점점 험난해지고 있다. 디지털 기술을 모르고서는 고객과의 소통이 불가해졌고, 감성 역량 또한 갖추어야 고객의 마음을 살 수 있다. 여러분의 선배 영업인들도 시장의 변화를 읽고 이에 적응함으로써 성공한 길을 걸어왔다. 그런데 이제는 한손잡이로도 성공하기가 쉽지 않은 데 양손잡이가 되라고 한다. 힘들고 어렵겠지만 고객의 마음을 얻고 여러분이 성공하기 위해서 하이브리드 세일즈는 필수이다. 모든 영업인이 양손잡이가 되기를 바라며, 새로운 시대의 영업역량에 관한 여러분과의 여정을 마친다.

도서 및 연구 논문

- 김상훈, 박선미, 《진정성 마케팅》, 21세기북스, 2019.
- 김형택, 《디지털 트랜스포메이션 시대, 옴니채널 전략 어떻게 할 것인가?》, e비즈북스, 2018.
- 이미영, 최현철, 〈CSR 활동의 진정성이 기업태도에 미치는 영향에 관한 연구〉, 한국언론학보, 2012.
- 임진환, 《영업은 배반하지 않는다》, 쌤앤파커스, 2016.
- 임진환, 《영업주도조직》, 쌤앤파커스, 2018.
- 하버드 공개강의연구회, 《하버드 감성지능 강의》, 북아지트, 2022.
- 황지영, 《리테일의 미래》, 인플루엔셜, 2019.
- EY한영산업연구원, 《수퍼컨슈머》, 알에이치코리아, 2020.

- Allen D. Schaefer and Charles E. Pettijohn, The Relevance of Authenticity in Personal Selling: Is Genuineness an Asset or Liability?, Journal of Marketing Theory and Practice, 2006.
- Amy J. C. Cuddy, Susan T. Fiske, and Peter Glick, The BIAS Map: Behaviors

From Intergroup Affect and Stereotypes, Journal of Personality and Social Psychology, 2007.

- Blair Kidwell, David M. Hardesty, Brian R. Murtha and Shibin Sheng, Emotional Intelligence in Marketing Exchanges, Journal of Marketing, 2011.

- Brent Adamson, Traditional B2B Sales and Marketing Are Becoming Obsolete, Harvard Business Review, 2022.

- Bruce J. Avolio and William L. Gardner, Authentic leadership development: Getting to the root of positive forms of leadership, The Leadership Quarterly, 2005.

- Charles H. Schwepker, Jr. and Roberta J. Schultz, Influence of the ethical servant leader and ethical climate on customer value enhancing sales performance, Journal of Personal Selling & Sales Management, 2015.

- Chris Malone and Susan T. Fiske, The Human Brand, Jossey-Bass, 2013.

- Collen Stanley, Emotional Intelligence for Sales Success, AMACOM, 2013.

- Connie Bateman and Sean Valentine, The impact of salesperson customer orientation on the evaluation of a salesperson's ethical treatment, trust in the salesperson, and intentions to purchase, Journal of Personal Selling & Sales Management, 2015.

- Daniel Goleman, Emotional Intelligence, Bantam Dell, 2005.

- Donal Daly, Digital Sales Transformation in a Customer First World, Oak Tree Press, 2017.

- Grant Leboff, Digital Selling, Kogan Page, 2016.

- Heli Hallikainen, Emma Savimaki, and Tommi Laukkanen, Fostering B2B sales with customer big data analytics, Industrial Marketing Management, 2020.

- Jamie Shanks, Social Selling Mastery, Wiley, 2016.

- Jeannette Paschen, Matthew Wilson, and Joao J. Ferreira, Collaborative intelligence: How human and artificial intelligence create value along the

B2B sales funnel, Business Horizon, 2020.

· Jeb Blount. Sales EQ, Wiley, 2017.

· Jeb Blount, Virtual Selling, Wiley, 2020.

· Jinhwan Lim, Research on the Consultative Selling Competencies of B2B Salesperson: IBM's Case, Korean Corporation0 Management Review, 2016.

· Karen M. Peesker, Peter D. Kerr b, Willy Bolander, Lynette J. Ryals, Jonathan A. Lister, and Howard F. Dover, Hiring for sales success: The emerging importance of salesperson analytical skills, Journal of Business Research, 2022.

· Lawrence A. Crosby, Kenneth R. Evans and Deborah Cowles, Relationship Quality in Services Selling: An Interpersonal Influence Perspective, Journal of Marketing, 1990.

· Mark Roberge, The Sales Acceleration Formula, Wiley, 2015.

· Mark Snyder, Self-Monitoring Processes, Advances in Experimental Social Psychology, 1979.

· Mark W. Johnston and Greg W. Marshall, Contemporary Selling; Building Relationships, Creating Value, Routledge, 2013.

· Melanie Bowen, Christine Lai-Bennejean, Alexander Haas, and Deva Rangarajan, Social media in B2B sales: Why and when does salesperson social media usage affect salesperson performance?, Industrial Marketing Management, 2021.

· Mitch Anthony, Selling with Emotional Intelligence, Insights Press, 2015.

· Mohammed Atif Aman, Mohammad Khalid Azam, and Asif Akhtar, Ambidextrous selling: a systematic review and synthesis of theories, themes, and methodologies, Journal of Personal Selling & Sales Management, 2022.

· Nicolas Kervyn, Susan T. Fiske, and Chris Malone, Brands as Intentional Agents Framework: How Perceived Intentions and Ability Can Map Brand Perception, Journal of Consumer Psychology, 2012.

· Peter Salovey and John D. Mayer, Emotional Intelligence, Imagination, Cognition and Personality, 1990.

· Philip Kotler, Neil Rackham, and Suj Krishnaswamy, Ending the War Between Sales and Marketing, Harvard Business Review, 2006.

· Philip Kotler, Hermawan Kartajaya, and Iwan Setiawan, Marketing 5.0, Wiley, 2021.

· Thomas Baumgartner, Homayoun Hatami, and Maria Valdivieso, Sales Growth, Wiley, 2016.

· Raj Agnihotri and Michael T. Krush, Salesperson empathy, ethical behaviors, and sales performance: the moderating role of trust in one's manager, journal of Personal Selling & Sales Management, 2015.

· Susan T. Fiske, Amy J. C. Cuddy, Peter Glick, and Jun Su, A Model of (Often Mixed) Stereotype Content: Competence and Warmth Respectively Follow From Perceived Status and Competition, Journal of Personality and Social Psychology, 2002.

· Thomas Baumgartner, Homayoun Hatami, and Maria Valdivieso, Why Salespeople Need to Develop Machine Intelligence, Harvard Business Review, 2016.

· Will Bryant and Stephanie M. Merritt, Unethical Pro-organizational Behavior and Positive Leader–Employee Relationships, Journal of Business Ethics, 2019.

컨설팅 리포트, 블로그, 기사

· "[르포] 신한 우리 하나은행 '디지털 점포' 체험해보니… 아직은 초기 단계", 2022.4.29, 〈IT조선〉.

· "국내 유통업계, 처음으로 온라인이 오프라인 이겼다", 2021.12.30, 〈조선경제〉.

· "마켓컬리로 뽐내는 5060세대", 2020.7.30, 〈매일경제〉.

- "빅데이터 분석의 4단계 과정", 2020.6.3, 브런치.

- "아마존은 백화점 열 만반의 준비를 갖췄다", 2022.2.9, 티타임즈TV.

- "'오팔 세대' 팬덤을 잡아라, 2021.5.3", 〈M이코노미뉴스〉.

- "외자사들 하이브리드 영업 전환 뚜렷… 교수들도 인식 변화", 2021.3.8, 〈메디컬 타임즈〉.

- "'플라스틱 팬데믹'… 집콕하며 2배로 버렸다", 2022.4.18, 〈매일경제〉.

- Adapt Your Sales Force to Meet Current B2B Buyer Trends, 2021.8.17, Gartner.

- B2B sales: Omnichannel everywhere, every time, 2021.12.15, McKinsey& Company.

- Cold Calling: 10 Statistics Proving Cold Calling is Dead, 2019.11.11, Momentum data.

- Digital Selling and Social Selling: Do You Know The Difference?, 2022.2.2, Digital Marketing Institute.

- Digital Selling vs. Social Selling: What's the Difference?, 2015.8.25, Sales for Life.

- Emotional intelligence: How salespeople with high EQ perform differently, 2017.11.2, MYC.

- How AI is Transforming The Future of Sales, 2020.10.7, Forbes.

- How The Metaverse Could Transform B2B Enterprise, 2022.4.19, Forbes.

- Improving Sales Revenue-Sanofi Aventis, 2022, Genos International.

- Omnichannel in B2B sales: The new normal in a year that has been anything but, 2021.3.15, McKinsey&Company.

- Reimagining B2B Marketing in the Metaverse, 2022.4.29, SmartKarrot.

- Retail Apocalypse: Four Ways Physical Stores Can Survive, 2021.4.6, Boston Consulting Group.

- Salespeople navigating digital transformation, data, virtual selling in new normal, says LinkedIn, 2020.7.3, ZDNet.

참고문헌

- Social Selling: Three Reasons It's Good for Business and Four Steps to Get You Started, 2018.3.9, MarketingProfs.
- State of Sales Report, 2020, Salesforce.com.
- Strategic Virtual Selling Framework, 2021.3.26, Gartner.
- Survey: South Korean B2B decision maker response to COVID-19 crisis, 2020.10.20, McKinsey&Company.
- The B2B digital inflection point: How sales have changed during COVID-19, 2020.4.30, McKinsey&Company.
- The Future of Sales and Marketing is Here, 2022.2.1, Boston Consulting Group.
- The great consumer shift: Ten charts that show how US shopping behavior is changing, 2020.8.4, McKinsey&Company.
- The LinkedIn State of Sales Report 2021, 2021.7.8, LinkedIn Sales Blog.
- There's No Going Back to the Old B2B Sales Model. That's a Good Thing., 2021.6.17, Boston Consulting Group.
- Virtual Selling: Strategy Tips to Help You Sell Remotely, 2022.3.16, EveryoneSocial.
- What the future science of B2B sales growth looks like, 2018.1.4, McKinsey&Company.
- With Customer Data Platforms, One-to-One Personalization Is Within Reach, 2020.5.7, Boston Consulting Group.

영업은 사라지지 않는다

2022년 11월 30일 초판 1쇄 발행

지은이 임진환
펴낸이 박시형, 최세현

책임편집 김유경 **디자인** 박선향
마케팅 양근모, 권금숙, 양봉호, 이주형 **온라인마케팅** 신하은, 정문희, 현나래
디지털콘텐츠 김명래, 최은정, 김혜정 **해외기획** 우정민, 배혜림
경영지원 홍성택, 이진영, 김현우, 강신우
펴낸곳 쌤앤파커스 **출판신고** 2006년 9월 25일 제406-2006-000210호
주소 서울시 마포구 월드컵북로 396 누리꿈스퀘어 비즈니스타워 18층
전화 02-6712-9800 **팩스** 02-6712-9810 **이메일** info@smpk.kr

ⓒ 임진환 (저작권자와 맺은 특약에 따라 검인을 생략합니다)
ISBN 979-11-6534-643-0 (03320)

쌤앤파커스(Sam&Parkers)는 독자 여러분의 책에 관한 아이디어와 원고 투고를 설레는 마음으로 기다리고 있습니다. 책으로 엮기를 원하는 아이디어가 있으신 분은 이메일 book@smpk.kr로 간단한 개요와 취지, 연락처 등을 보내주세요. 머뭇거리지 말고 문을 두드리세요. 길이 열립니다.